주식투자의 마법공식 2

주식으로 인생 역전하는 공식

주식투자의 마법 공식 2

1판 1쇄 발행 | 2023년 7월 5일

지 은 이 | 한동훈
펴 낸 이 | 이성범
펴 낸 곳 | 도서출판 타래
교정·교열 | 박진영
표지 디자인 | 이진호
본문 디자인 | 권정숙

주소 | 서울특별시 영등포구 양평로30길 14, 911호(세종앤까뮤스퀘어)
전화 | (02) 2277-9684~5 / 팩스 | (02) 323-9686
전자우편 | taraepub@nate.com
출판등록 | 제2012-000232호

ISBN 978-89-8250-159-3   13320

- 이 책은 저작권법에 의해 한국 내에서 보호를 받는 저작물이므로
  무단 전재와 무단 복제를 금합니다.
- 값은 뒤표지에 있습니다.
- 파본은 구입한 서점에서 교환해 드립니다.

주식으로 **인**생 역전하는 **공**식
이제 여러분이 주인공이 됩니다.

주식투자의 마법공식 ②

지금까지 주식으로 수익을 내지 못했다면
급등 공식을 알지 못했기 때문이다.

도서출판 **타래**

이 책을 읽기 전에

　주식투자는 농사 짓는 것과 같다. 봄에 씨를 뿌리면 여름에 쑥쑥 자란다. 가을이 되면 수확하고 겨울이 되면 이듬해 봄 준비를 해야 한다. 씨앗 열 개를 뿌렸는데 봄이 지나도 새싹이 나오지 않는다면 어떡해야 할까? 물과 비료를 계속 주며 싹이 나길 기다려야 할까? 아니면 더 늦기 전에 새로운 씨앗으로 바꿔야 할까? 물론 씨앗이 뒤늦게 새싹을 틔울 때도 있겠지만 때가 되어도 나오지 않는다면 쭉정이일 가능성이 크다.

　주식도 열 개 종목을 매수했는데 상승해야 할 때 상승하지 못한다면 적당할 때 종목을 교체해 새로 시작하는 것이 좋다. 그것이 바로 손절이다. 많은 투자자들은 씨앗을 뿌리자마자 열매를 맺길 바란다. 그리고 기다리다가 새싹이 돋자마자 잘라 먹어버릴 때가 많다. 새싹이 나면 무럭무럭 자라 열매를 맺을 때까지 기다려 풍성한 가을을 맞아야 한다. 새싹이 나려고 할 때 잘라 먹는 것은 짧은 수익만 내고 끝내는 것과 같다. 주식투자는 수익은 크게, 손실은 적게 내야 평생 씨드머니를 불려나갈 수 있는데 많은 투자자들은 반대로 수익은 적게, 손실은 크게 키운다. 쭉정이에 계속 물과 거름을 주고 새싹이 나자마자 잘라버린다면 밭에는 쭉정이만 남을 것이다.

주식투자를 성공하려면 봄에 씨앗을 뿌려 여름까지 기다려야 한다. 여름에 풀이 많이 자란다고 뜨거운 여름에 씨를 뿌리면 새싹을 틔우자마자 가을과 겨울을 맞이할 것이다. 먹어보지도 못하고 결국 죽어버린다. 주식도 너무 급등한 종목을 사면 잠시는 좋겠지만 머잖아 수익은 손실로 바뀌고 시간이 갈수록 손실이 커질 수 있다.

이 책을 통해 독자 여러분도 필자와 함께 봄에 씨앗을 뿌리고 가을이 오기 전에 수확하는 법을 터득하길 바란다.

|이 책을 읽기 전에|

|Chapter 6|

텐배거 후보주를 초기에 잡는 방법

6-1 업종 사이클을 이용해 텐배거 포착하기 ·················· 12
6-2 주식시장의 사계절을 이용해 대박주 잡기 ················ 22

|Chapter 7|

주가의 생애주기를 이용해 텐배거 잡는 방법

7-1 기술적 분석의 의미 ····································· 51
7-2 생애주기와 파동을 이용해 최적의 매수 시기 포착하기 ········ 59

차 례

|Chapter 8|
주식의 사계절을 이용한 매매

8-1　가을에 주식을 매도하는 방법 …………………………… 100
8-2　스프링 매매 기법 …………………………………………… 112

|Chapter 9|
한동훈의 단기매매 필살기

9-1　상승 음봉으로 단기매매하는 방법 ……………………… 128
9-2　매수하면 안 되는 상승 음봉 ……………………………… 136

|Chapter 10|
세력을 이용한 매매

10-1　전저점 이탈 후 급등 패턴 ……………………………… 141

|Chapter 11|

알아두면 도움이 되는 주식투자의 기본

11-1 초보자도 가능한 간단한 보조지표 활용 ········· 166
11-2 스토캐스틱을 활용한 최적의 매수 시점 포착하기 ········· 170
11-3 볼린저밴드로 투매를 잡는 방법 ········· 174
11-4 주식 소각의 의미와 주식 소각이 주가에 긍정적인 이유 ········· 179
11-5 신규 상장주 매매하는 방법 ········· 182

|Chapter 12|

매매 팁

12-1 시스템 트레이딩 성공법 ········· 212
12-2 초단기매매로는 추세매매를 절대로 이길 수 없다 ········· 215
12-3 거래량을 활용한 투자전략 ········· 218

경제적 빈곤은 문제가 아니다.
생각의 빈곤이 문제다.

Chapter 6

텐배거 후보주를
초기에 잡는 방법

주식시장에서 신기술은 늘 '뜨거운 감자'다. 이런 신기술은 처음에는 테마주가 되지만 우리 곁에 올 때는 텐배거의 주인공이 된다. 업종 사이클과 주가의 상관관계를 알아두면 여러분이 텐배거의 주인공이 될 수도 있다.

6-1
업종 사이클을 이용해
텐배거 포착하기

텐배거는 10루타를 의미하는데 실제 야구 경기에서 쓰이는 용어는 아니며 증권가에서 열 배 수익률을 올리는 '대박 종목'을 뜻한다. 1977년부터 1990년까지 13년 동안 피터 린치는 마젤란 펀드를 운영하며 무려 2,703%의 누적수익률을 올렸는데 연수익률로는 29.3%에 달한다.

주식시장에서 신기술은 늘 '뜨거운 감자'다. 이런 신기술은 처음에는 테마주가 되지만 우리 곁에 올 때는 텐배거의 주인공이 된다. 테마주는 상승기가 짧지만 실제로 대기업이 진출하면서 산업이 되면 열 배 이상의 상승이 탄생하기도 한다. 업종 사이클과 주가의 상관관계를 알아두면 여러분이 텐배거의 주인공이 될 수도 있다.

새싹이 돋아 무럭무럭 자라면 열매가 맺고 모든 성장이 성숙되면 쇠퇴기에 접어들듯이 산업도 신기술이 개발되고 그 신기술은 언젠가는 우리 삶 곁으로 다가온다. 그 제품을 웬만한 사람들이 다 사면 성숙기이고 이후 쇠퇴기가 온다. 신기술 사이클을 잘 활용하면 주식투자로 큰 수익을 올릴 수 있다. 신기술 도입 과정은 크게 도입기, 성장기, 성숙기, 쇠퇴기로 나뉜다.

1. 도입기: 신기술이 개발되어 새로 알려지기 시작하는 단계

신기술이 개발되어 알려지는 단계다. 사업 성공 여부가 아직 불투명해 언제든 실패할 가능성도 있다. 주가의 강한 상승도 발생하지만 상승폭은 대부분 100~200% 미만에 그친다. 따라서 주가상승은 오래 지속되지 않고 일부 전문투자자들만 이런 정보를 알 수 있다. 예를 들어, DMB 사업은 도입기에는 큰 호응을 받았지만 사업성이 불투명해 관련 종목들의 주가는 큰 하락세를 기록했다. 약 10년 전 AR/VR 기술이 소개되었을 때 관련 기업들의 주가가 폭등했는데 당시는 기술 도입 단계로 단순한 테마주로 주가상승이 끝나고 말았다. 양자컴퓨팅은 '꿈의 기술'이지만 상용화까지는 아직 갈 길이 멀다. 정부 정책 이슈 등으로 주가가 급등하면 테마주에 불과하며 주가상승도 최대 200%를 못 넘기는 경우가 많다. 케이씨에스는 SK텔레콤과 '양자 암호칩'을 공동개발해 출시한 적이 있어 양자암호통신 관련주로 분류되어 급등했지만 도입기에 불과해 주가상승은 오래 지속되지 못했다.

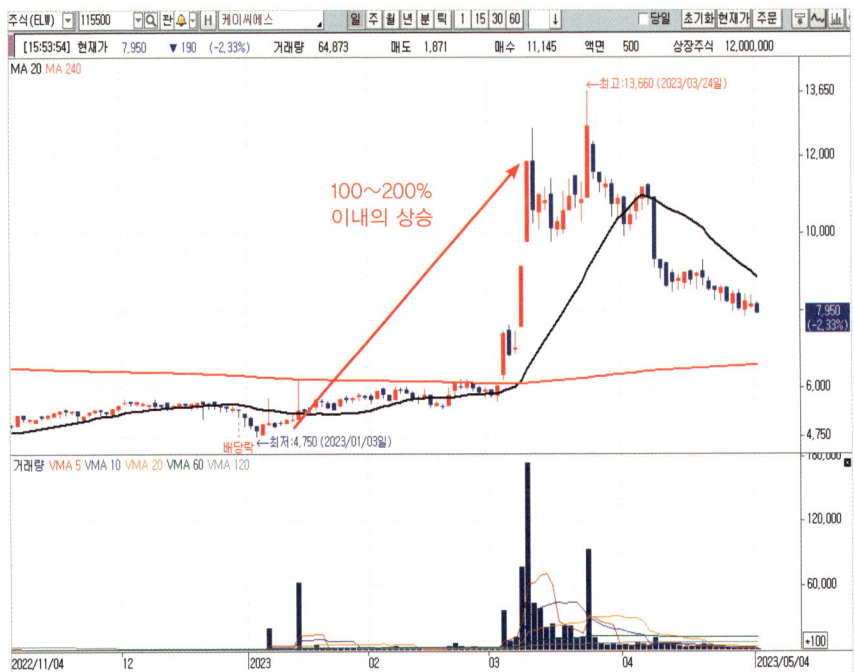

차트 1

2. 성장 초기(성장 1기): 신기술 사업성이 인정받아 상용화에 진입하는 단계

신기술 사업성의 불투명성이 제거되면서 본격적인 상용화 단계에 진입하는데 이때 많은 투자자가 참여하게 된다. 많은 투자자들이 관심을 보이는 단계로 주가도 가파르게 상승한다. 10년 전 처음 소개되었던 AR/VR은 10년 간의 기술개발(잠복기)을 통해 우리 삶에 더 가까이 다가왔다. 바로 메타버스라는 이름으로 새로운 스타주가 되었지만 우리 모두가 완벽히 사용하는 기술은 아직 아니다. 성장 초기로 성장 1기로 표현할 수 있다. 성장 1기가 지나면 또 다시 기술개발 과정이 필요하다. 이때 주가는 상당히 긴 잠복기에 접어든다.

차트 2

3. 본격 성장기(성장 2기): 신기술이 상용화 단계를 거쳐 본격적으로 성장하는 단계

이때 주식시장에서는 '묻지마 투자'가 성행하며 이상 급등이 자주 발생한다. 여기저기서 돈되는 사업으로 소개되며 주가는 끝없이 상승할 것처럼 보인다. 이때 기업들은 부채를 늘려 대량공급하기 시작하고 실적도 폭증세를 기록한다. 인공지능(AI) 기술도 10년 이상 된 기술이지만 긴 기술개발 과정을 거쳐 '챗봇'이라는 이름으로 우리 삶 가까이 다가왔다. 10년 전 인공지능 기술 소개는 테마주가 되고 우리 곁에 다가와 하나의 산업이 되면서 열 배 주가상승이 나타나기도 한다.

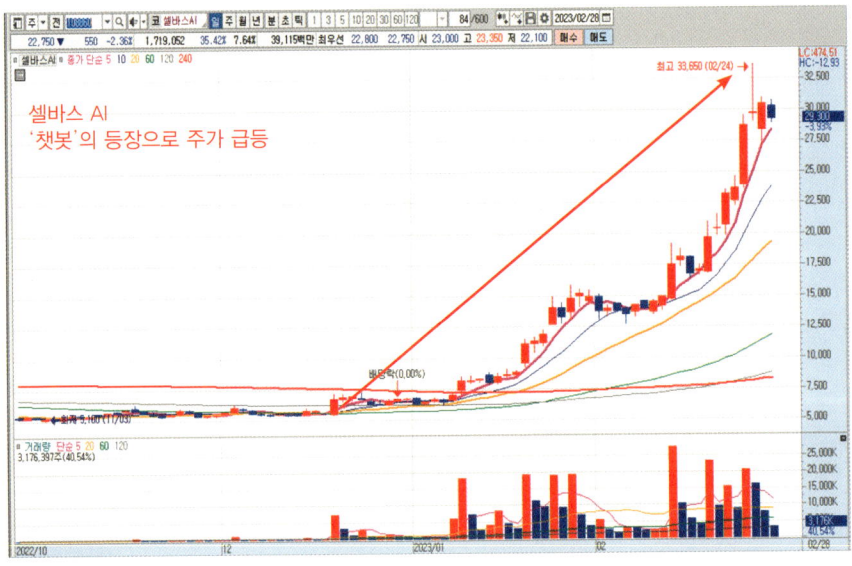

차트 3

4. 성숙기: 신기술이 거의 공급되는 단계

　신기술이 대부분의 소비자에게 공급되는 단계다. 이때 출혈경쟁이 발생하고 과도한 부채는 서서히 부담으로 작용하기 시작한다. 주가는 우하향세를 기록하거나 박스권에서 장기간 횡보하는데 바로 이때가 주식투자에서 가장 조심해야 할 단계다. 즉, 살 사람은 다 샀으니 추가로 구매할 소비자가 줄어 주식시장에서 가장 중시하는 '꿈'이 사라지는 단계다. 이때 기업실적은 최고치에 이르지만 주가는 하락세로 접어든다. 실적이 아무리 좋아도 주가가 못 오르는 이유가 바로 여기에 있다. 대표적인 예가 바로 스마트폰 관련주다. 스마트폰은 5년 전 이미 성숙기에 접어들었다. 기업들의 양호한 실적에도 불구하고 주가는 급락했고 이후 실적이 악화되는 모습을 보였다.

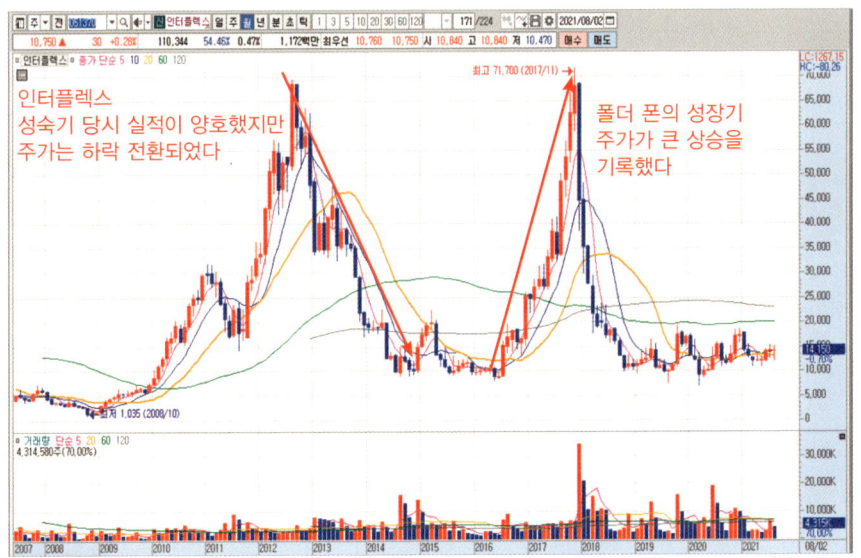

차트 4

5. 쇠퇴기: 신기술로서 생명이 다하는 단계

성장기, 성숙기에 급속도로 늘린 설비투자가 부담으로 작용한다. 공급이 수요를 크게 앞서는 단계로 출혈경쟁으로 인해 과도한 부채와 함께 자금악화가 시작된다. 수많은 중소기업에서 부도가 발생하고 주가도 끝없는 하락세를 보인다. 이때 유상증자, 감자를 단행하는 기업들이 늘어난다. 대표적인 쇠퇴기 업종으로 LCD를 들 수 있다. 10년 전만 해도 LCD가 대세였지만 지금은 쇠퇴기를 맞았다. 다음 그림에서 주식투자자에게 가장 큰 수익을 안겨주는 구간은 도입기와 성장기다. 이 시기가 아니라면 투자하지 않는 것이 성공투자의 지름길이다.

※ **신기술 도입 단계와 주가의 관계**

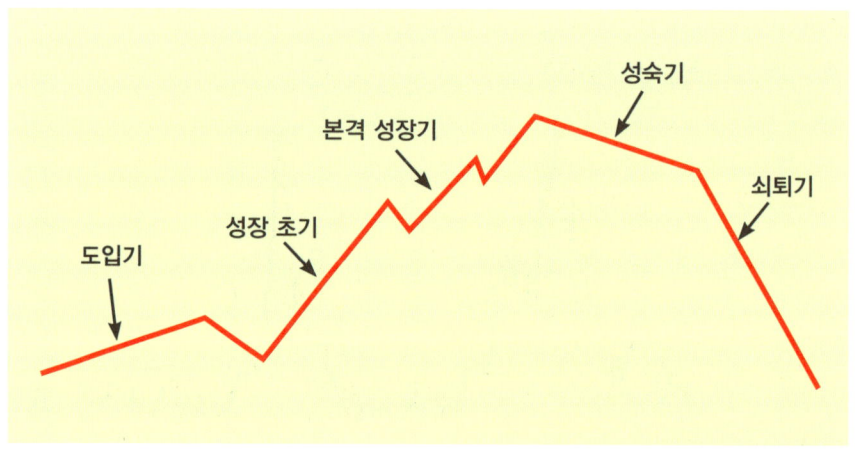

성장기에 진입하며 텐배거 종목이 된 에코프로는 10년 전만 해도 극소형주에 불과했다. 당시 대기환경사업을 영위하며 2차전지 양극재를 생산했는데 2차전지의 중요성이 별로 부각되지 않을 때였다. 2008년 초 전기차가 시장을 뜨겁게 달구었지만 대부분의 기업들은 상장폐지되었고 한동안 2차전지의 암흑기가 도래했다.

2017년부터 테슬라의 출현과 대기업들의 전기차 출시가 시작되면서 2차전지는 성장 1기에 진입했고 주가도 단기적으로 급등했다. 2017년까지만 해도 2차전지 성공은 확신하기 어려웠다. 하지만 2020년을 넘기면서 전기차의 대중화 시대가 열리며 2차전지 양극재 기업들의 대규모 투자가 시작되었고 주가는 또 다시 급등세를 연출했다. 테마주가 성장주로 변모하며 진정한 텐배거가 된 것이다. 에코프로 외에도 나노신소재, 엘앤에프, 코스모신소재 등이 텐배거 대열에 합류했다. 성장 1기 초기에 주식을 매수해 장기투자해야 텐배거의 주인공이 될 수 있음을 명심해야 한다.

※ 성장 1기 진입 시 주가

차트 5

※ 성장 2기 진입 시 주가

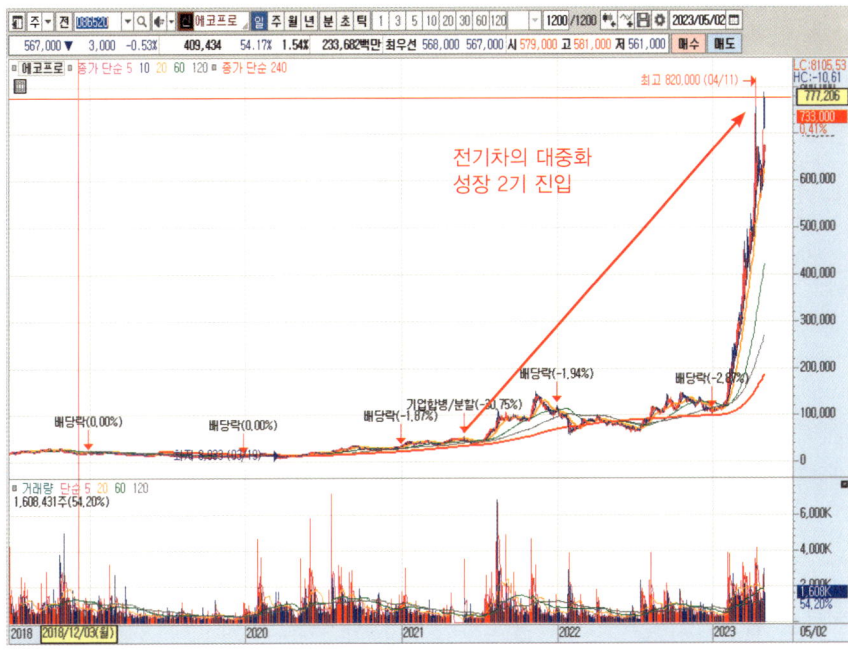

차트 6

6-2
주식시장의 사계절을 이용해 대박주 잡기

　봄, 여름, 가을, 겨울 사계절은 주식시장에도 있다. 금리에 따라 금융시장의 계절이 변하고 금리 등락에 따라 매수하는 종목도 달라진다. 금리의 흐름을 알고 그 계절에 급등하는 업종을 미리 알면 이후 절호의 기회를 잡을 수 있다. 금리는 물가와 실업률에 근거해 등락하는데 특히 인플레이션이 발생하면 금리인상 속도도 빨라진다. 물가가 오르면 채권의 현재가치가 떨어진다. 채권은 가장 안전하고 빠른 현금성 자산이므로 인플레이션이 심할 때 현금을 보유하면 물가상승률을 못 따라가 손실이 발생한다. 투자자들이 채권을 매각해 채권가격이 하락하고 수요가 줄어 금리가 상승하게 된다.

　예를 들어, 오늘 현재 유가가 1,000원이고 1개월 후 1,200원이 된다면 미리 기름을 최대한 많이 사둘 것이다. 반대로 물가가 하락하면 채권의 현재가치가 상승하고 채권에 매수세가 몰리면서 가격이 상승하고 금리는 하락한다. 물가가 하락하면 현금이 '장땡'인 때가 온다. 반대로 오늘 현재 유가가 1,000원이고 1개월 후 900원이 된다면 가격이 하락할 때를 기다렸다가 구매할 것이다. 이로 인해 소비위축 현상이 발생한다.

1. 금리 변동에 따른 주식시장의 사계절
1) 금융장세=봄

금리하락에 바탕한 주가상승기
기업실적이 최악이고 주가가 바닥에서 1차 상승하는 시기다.

신문에 '실업률 ○○% 증가', '부도율, 사상최고치 경신', '경기 어려워' 등의 기사가 나오는데도 희한하게 주식시장이 강세를 띠면 금융장세의 전형적인 모습이다. 경기가 어려워지면 생산한 물건이 잘 안 팔리므로 기업들은 굳이 은행에서 대출받아 제품을 생산하고 광고하진 않을 것이다. 그럼 당연히 이자로 먹고사는 은행들은 금리를 낮춰서라도 대출할 곳을 찾게 된다.

금리가 내리면 이자 부담이 줄어 투자자들이 레버리지(빚)를 활용하기 쉬운 조건이 형성되고 시장에는 유동성이 넘친다. 은행 이자가 주식 배당보다 낮아지기 시작하면 주식시장에 자금이 몰리며 본격적인 유동성 장세가 펼쳐진다. 경기침체로 물가가 하락하고 금리가 낮아지면 현금가치가 하락하므로 현금 보유는 재테크 실패가 된다. 투자자들은 낮은 이자율을 이용해 자산을 불리는 시도를 하고 자연스럽게 주식시장도 활기를 띤다.

금리가 내리면 부동산 대출 이자율도 내려 부동산 투자가 활발해진다. 대표적인 유동성 장세는 2001년 9.11테러, 2008년 금융위기, 2020년 코로나 팬데믹이었다. 당시 지수 흐름을 보면 경기침체가 이어지며 지속적인 하락세를 보이다가 경제 충격이 발생하면서 급격한 금리인하가 있었고 투매 과정이 형성된 후 V자 반등을 보였다.

※ 2001년 9.11테러 이후 주가

9.11테러의 충격으로 시장이 폭락하면서 금리가 내렸고 주가는 상승했다.

차트 7

※ 2008년 금융위기 이후 주가

차트 8

※ 2020년 코로나 팬데믹 이후 주가

차트 9

2. 금융장세가 시작되면 이 종목부터 사라

(1) 증권주

수수료 수입도 증가하고 금리가 낮아져 채권가격이 상승해 채권투자 수익도 증가한다. 키움증권, 대신증권, 미래에셋, 현대증권, 삼성증권 등이 대표적이다.

(2) 건설주

부동산 투자가 회복되면 건설업종이 살아나기 시작한다. 금리가 내리면 대출을 이용한 주택 구매 수요가 증가하고 부동산 가격이 상승한다. 부동산 가격이 상승하면 주택건설 착공 건수가 늘면서 건설주 실적도 호전된다. 이런 흐름을 노린 매수세가 금리인하 이후 유입된다. 건설업종의 턴어라운드가 시작되는 시점이다. GS건설, 현대건설, 대우건설, 한일현대시멘트 등이 대표적이다.

(3) 고속성장주

현금가치가 떨어지면 미래에 투자하게 된다. 고속성장주는 당장 이익이 안 나지만 미래가치를 보는 기업이며 저금리로 인해 자금압박에서 비교적 자유로워진다. 현금가치가 떨어지면 미래의 희망을 보고 투자하는 시기가 온다. 하이테크 업종과 바이오주가 대표적이다.

(4) 하이테크 업종

하이테크 종목들은 신기술 종목이 많고 때에 따라 급등주가 바뀌므로 뉴스에 많이 소개되는 기술을 놓치면 안 된다.

(5) 바이오주

바이오업체들은 연구개발비가 많이 들어 대부분 기업들의 실적이 적자를 면치 못한다. 바이오는 지금 당장은 돈이 안 되지만 신약이 성공하면 대박난다는 꿈이 있다. 저금리 시기에는 유동성이 풍부해 이런 꿈과 희망에 투자하는 자금이 유입된다.

2) 실적장세=여름

※ 기업 실적에 바탕한 주가 절정기

본격적으로 기업 실적이 좋아지는 시기로 2차 상승이 발생한다.

저금리와 유동성 장세로 인해 자산가격이 상승하면서 소비자들의 소득 증가효과가 발생해 소비가 늘어 기업들이 실제로 돈을 벌기 시작하고 이익을 남기면서 주가가 본격적인 상승궤도에 진입하는 시기다. 경기에 대한 정부의 금융·재정적 부양정책이 효과를 보이면서 경기가 서서히 회복되기 시작한다. 창고에 쌓여있던 기업들의 재고품이 줄고 생산이 가속화되는 시기다.

실적장세는 경기가 좋아지는 시기이므로 경기민감주가 투자하기에 가장 적합하다. 대표적인 경기민감주로는 전기·전자, 철강, 석유화학, 자동차, 해운업종 등이 있다. 실적장세가 시작되면 중장기 투자전략으로 대응해야 한다.

- 전기 · 전자업종

  삼성전자, LG전자, SK하이닉스, 삼성전기, LG이노텍

- 자동차 · 운수업종

  현대차, 기아, 현대모비스, 만도, 현대위아, 현대오토에버

- 철강업종

  포스코, 현대제철, 풍산, 동국제강

- 석유화학업종

  롯데케미칼, 금호석유, 효성화학, 대한유화

- 해운업종

  HMM, 대한해운

3) 역금융장세=가을

※ 환상이 깨지는 순간

실적장세 막판에 기업들의 실적은 최고치를 경신하지만 주가는 하락한다. 경기과열로 인해 금리를 인상하면서 유동성이 회수되기 시작한다. 금융장세에 강세를 보인 기업들이 최대 피해주가 된다.

여기서 물가에 대해 알아야 한다. 물가가 오르면 금리도 오르는데 역금융장세 이전에 본격적으로 물가가 오른다. 금리인상은 인플레이션 발생 때문임을 감안하면 쉽게 이해할 수 있다. 물가가 오르기 전에 원자재 가격이 먼저 오르므로 이때는 원자재 관련주 투자가 현명하다.

- 원자재 관련주: GS글로벌, 포스코인터

　물가가 오르면 인플레이션을 막으면서 경제성장을 지속하는 것이 정책당국의 최대 목표가 된다. 이를 달성하기 위해 정책당국이 맨 먼저 시행하는 것이 금융긴축이다. 즉, 금리를 올리는 것이다. 역금융장세가 시작되기 수 개월 전 다시 최고점에 육박하거나 드물게 최고점을 다시 넘는 저력을 보이기도 한다. 주가 움직임을 그래프로 그려보면 두 개 꼭지, 즉 '쌍봉'이 나타나거나 헤드 앤 숄더 패턴이 발생한다.

　금리가 오르면 고속성장주는 강력한 매도 신호로 해석해야 한다. 고속성장주는 현재의 실적은 적자이지만 미래가치를 보고 투자하는데 금리가 오르면 현금가치가 올라 미래보다 지금 당장 현금이 중요해진다. 또한, 금리가 오르면 가뜩이나 적자인 고속성장주는 이자 부담까지 증가해 자금압박에 시달리는 경우가 많다. 이때 하이테크주와 바이오주는 무조건 매도하는 것이 현명하다. 금리인상 초기에는 금융주 중 은행주와 보험주가 대안이 된다.

　금리가 오르면 예금금리는 떨어지고 대출금리는 더 빨리 상승해 예금대출 마진이 증가해 은행주 실적이 호전된다. 보험주는 예대마진도 어느 정도 있지만 장기투자해 이자를 받는 채권 금리가 상승해 원금회수 기간이 짧아진다. 은행주로는 KB금융, 기업은행, 신한지주, 하나금융지주 등이 대표적이고 보험주로는 삼성화재, 현대해상, 한화손해보험 등이 대표적이다.

4) 역실적장세=겨울

※ 위험과 기회의 두 얼굴

역실적장세 초기는 위기이고 마지막 절정 구간은 기회가 된다. 역실적장세 다음에 금융장세가 다시 펼쳐지기 때문이다.

금융·재정 긴축으로 경기가 냉각되기 시작하면 기업들의 돈벌이도 이전 같지 않고 경기도 후퇴하기 시작한다. 그동안 좋아보이기만 했던 기업들의 주가가 이제 터무니없이 비싸 보이기 시작한다. 실적이 좋았던 우량주도 한없이 추락하는 경우가 많다. 반토막, 심지어 ⅓토막나는 주가를 보며 개미투자자들이 회의에 빠지는 시기다. 반면, 그 와중에도 반등하는 종목을 더 대단하게 여기는 심리를 이용해 '꾼'들이 '화려한 작전'에 나서기에 가장 좋은 시기다. 역실적장세에서는 대부분의 업종이 하락하며 일부 가치주가 강세를 보이는 경우가 많다. 시가총액이 큰 우량주보다 시가총액이 작은 테마주들이 강세를 보인다. 역실적장세가 지속되다가 금융위기나 예상치 못한 블랙스완이 발생하면 정부는 경기부양을 위해 금리를 다시 내리기 시작해 금융장세가 다시 시작된다. 이때 저점매수를 잘하면 인생역전의 기회가 올 수도 있다.

※ **주식시장의 사계절 흐름**

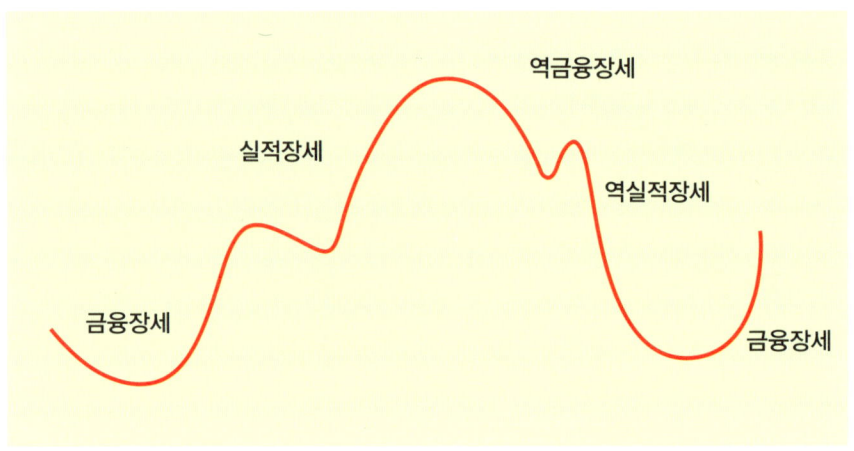

역실적장세에서 블랙스완이 발생하면 인생역전의 기회를 잡을 수도 있다.

3. 블랙스완! 주가 충격을 인생역전 기회로 만드는 조건

블랙스완=검은 백조! 숨은 악재를 의미하며 예상조차 할 수 없었던 악재가 실제로 일어나는 현상을 말한다. 전 세계 경제가 예상치 못한 사건으로 위기를 맞을 수 있다는 의미로 사용된다. 시장이 예상한 악재는 블랙스완이라고 표현하지 않으므로 블랙스완을 예상하기는 매우 어렵다. 블랙스완은 전염병 창궐, 경제의 부실뇌관 폭발, 전쟁과 같은 지정학적 리스크가 될 수도 있다. 9.11테러가 대표적인 블랙스완이다.

※ 블랙스완으로 인생역전이 오는 공식

주가가 고점을 형성할 때 발생하는 블랙스완은 일단 매도하는 것이 바람직하다. 일시적 반등 후 대폭락이 발생할 수 있기 때문이다. 반대로 시장이 장기적 하락 추세를 보이는 상태(역실적장세)에서 블랙스완이 발생하면 시장에서는 투매가 발생하고 이때 현금을 보유한 투자자들이 매수에 대거 가담한다.

용수철 효과라고 볼 수 있다.

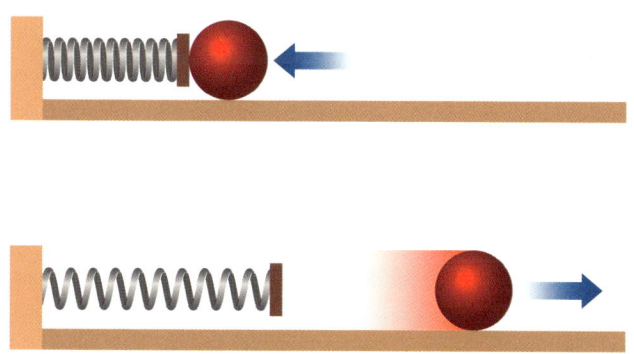

이미 억눌린 상태에서 블랙스완을 통해 강력한 하방압력이 가해지면 누르는 힘이 강한 만큼 튀어오르는 폭도 매우 클 수밖에 없다. 역대 주가 흐름을 살펴보면 블랙스완 이후 엄청난 상승이 발생한 경우가 많다. 블랙스완이 발생하면 당분간 주가는 폭락하는데 그 하락은 보통 1개월가량 이어지다가 바닥을 치고 상승한다. 이런 흐름을 미리 알면 향후 기회를 잡을 때 도움이 될 수 있다.

1) 블랙스완 이후 주가 흐름

⑴ 1987년 블랙 먼데이

차트 10

미국 주식시장 역사상 일간 최대 하락폭을 기록한 날이다. 이날 다우존스 지수는 무려 22.6% 폭락했다. 정확한 원인은 알 수 없지만 프로그램 매도에 의한 하락으로 보고 있다. 엄청난 하락이 발생했고 1개월 후부터 바닥을 치기 시작해 인생역전의 기회가 찾아왔다.

(2) 9.11테러

진정한 의미의 블랙스완으로 아무도 예상치 못한 대형 악재였다. 9.11테러 이전부터 세계 증시는 IT 거품붕괴로 심한 몸살을 겪고 있었다. 시장이 이미 하락하는 도중에 9.11테러가 발생하자마자 시장은 엄청난 충격에 빠졌지만 비교적 빨리 회복되었다.

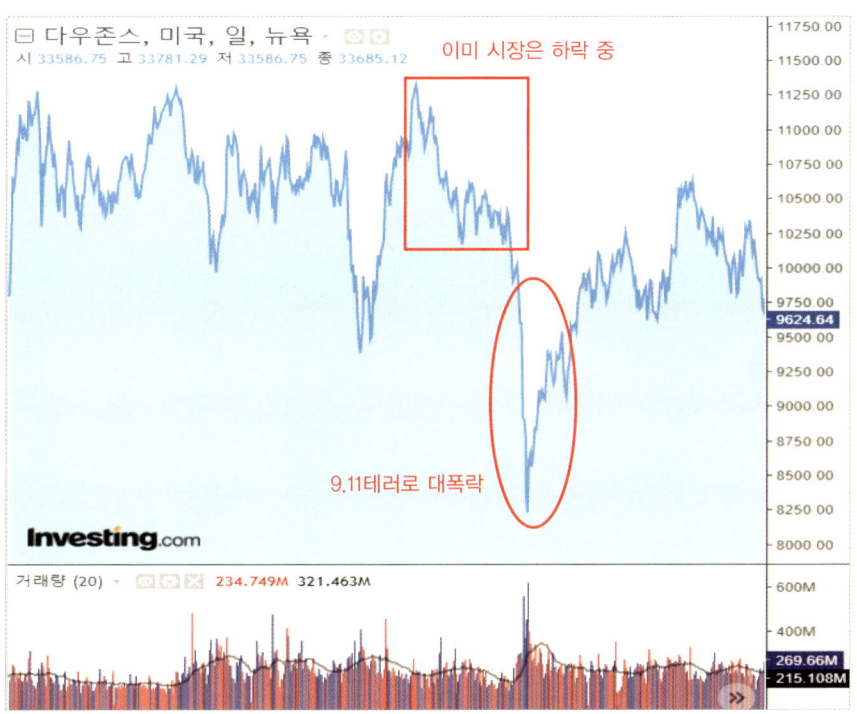

차트 11

(3) 한국 코스닥 시장

이미 하락장세였고 9.11테러로 폭락하면서 용수철 효과로 엄청난 상승이 발생하기 시작했다.

차트 12

(4) 리먼 브라더스 파산과 금융위기

2007년 말부터 미국 증시는 하락 중이었고 2008년 초부터 다시 하락하기 시작했다. 미국 부채 불안감이 확산되면서 시장은 지속적인 약세를 보인 상태였고 2008년 중반 리먼 브라더스가 파산하면서 블랙스완이 발생하자 시장은 충격에 빠지면서 투매가 투매를 불렀다. 충격의 진앙지였던 미국은 회복하는 데 시간이 걸렸고 블랙스완 이후 5개월이 지나서야 바닥을 치고 상승하기 시작했다.

차트 13

당시 한국 증시는 더 빠른 12월에 저점이 확인되었다. 충격 이후 1개월 구간인 10월이 최저점으로 이때가 인생역전의 절호의 기회였다.

차트 14

(5) 코로나 팬데믹

코로나 팬데믹 시작 직전 미국의 금리인상과 미중 무역전쟁으로 시장은 1년 이상 하락세를 보였다. 예상치 못한 블랙스완이었던 코로나 쇼크가 발생하면서 투매가 발생했고 세계 각국은 앞다퉈 제로금리로 방향을 틀었다. 제로금리로 현금가치가 하락했고 여기저기서 빚을 내 재테크를 시작한 시기로 미국에서는 한 달도 안 되어 인생역전의 기회가 찾아왔다.

차트 15

한국 증시는 미중 무역전쟁과 미국의 금리인상으로 힘겨운 행보를 이어 가다가 코로나가 발생하며 역사상 최대 하락을 맞았다. 역사상 가장 강력한 용수철 효과가 발생한 것이다. 한국도 코로나 발생 한 달 전후로 저점을 찍었고 바이오주와 하이테크 기업들의 주가가 대폭등했다.

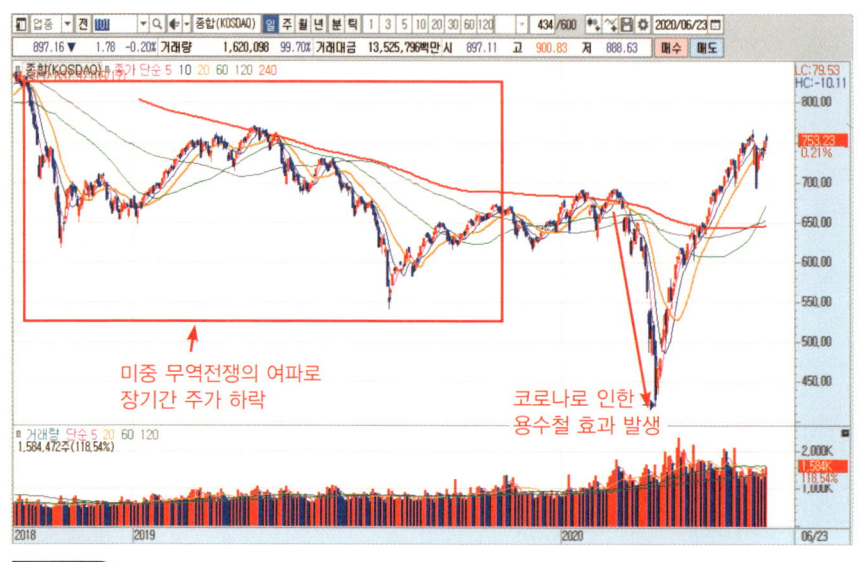

차트 16

2) 현금흐름표 읽는 법

업종 전망이 아무리 밝아도 잠복기 동안 기업이 망하면 진짜 기회가 와도 아무 소용이 없다. 10년 전 2차전지와 전기차 시장에 뛰어들었던 기업들 중 많은 기업이 상장폐지되었다. 잠복기를 버티려면 기업의 펀더멘탈이 견고해야 하는데 그것을 판단하는 가장 좋은 수단이 현금흐름표다. 현금흐름표의 흐름을 알아야 주식시장에서 사라질 위험이 높은 기업을 미리 피할 수 있다. 주식투자를 조금이라도 했다면 PER, PBR, EPS 등의 용어의 뜻을 알 수 있다.

기업의 펀더멘탈을 판단하는 데 중요한 현금흐름표를 어떻게 보아야 할까? 어떤 것은 흑자여야 좋고 어떤 것은 적자여야 좋을 때가 있다. 그 차이점을 알아보자.

(단위 : 억 원)

IFRS(연결)	2019/12	2020/12	2021/12	2022/09
영업활동으로 인한 현금흐름	483	−410	−515	−2,467
당기순손익	598	443	1,165	238
법인세 비용 차감전 계속 사업이익				
현금유출이 없는 비용 등가산 +	651	664	912	466
(현금유입이없는 수익등차감) +	498	428	1,231	434
영업활동으로 인한 자산부채변동(운전자본변동) +	−139	−1,100	−1,293	−2,536
영업에서 창출된 현금흐름 +	611	−420	−447	−2,266
기타영업활동으로 인한 현금흐름 +	−128	10	−68	−202
투자활동으로 인한 현금흐름	378	−514	−503	−98
투자활동으로 인한 현금유입액 +	2,760	13,669	15,278	9,639
(투자활동으로 인한 현금유출액) +	2,396	14,202	15,809	9,761
기타투자활동으로 인한 현금흐름 +	14	19	27	23
재무활동으로 인한 현금흐름	173	68	1,294	1,435
재무활동으로 인한 현금유입액 +	1,121	2,773	4,330	4,078
(재무활동으로 인한 현금유출액) +	883	2,543	2,766	2,305
기타재무활동으로 인한 현금흐름 +	−65	−162	−270	−338

위 표는 기업의 현금흐름을 보여주는 지표로 현금의 변동 내용을 명확히 보고하기 위해 당해 회계연도의 현금 유입과 유출 내용을 적정하게 표시한 것이다. 즉, 기업 내부의 실질적인 현금 입출금 상태를 보여주는 서류다. 영업활동을 통한 당기순이익은 꾸준히 늘려왔지만 현금흐름이 계속 적

자라면 결국 기업은 망할 수밖에 없으며 실질적으로 기업이 존속하려면 영업활동을 통해 창출한 이익에 비례해 지속적인 현금 유입이 필요하다.

(1) 영업활동으로 인한 현금흐름

이 지표는 현금흐름에서 가장 중요한 만큼 빨간색으로 표시해두었다. 손익계산서에 등재한 이익과 현금의 흐름에 차이가 있을 수 있으니 당기순이익 기준으로 실제로 들어온 자금과 나간 자금을 계산해야 한다. 따라서 현금 유출이 없는 비용(감가상각비)을 가산해야 하고 반대로 현금 유입이 없는 수익(유가증권 평가차익) 등의 차감이 필요하다. 여기에 영업활동으로 인한 자산과 부채의 변동도 가감해야 한다.

(단위 : 억 원)

IFRS(연결)	2019/12	2020/12	2021/12	2022/09
영업활동으로 인한 현금흐름	453,829	652,870	651,054	435,684
당기순손익	217,389	264,078	399,075	318,126
법인세 비용 차감전 계속 사업이익				
현금유출이 없는 비용 등가산	424,268	461,506	527,991	486,690
(현금유입이없는 수익등차감)	49,842	45,321	37,435	70,341
영업활동으로 인한 자산부채변동(운전자본변동)	−25,458	1,224	−162,869	−218,391
영업에서 창출된 현금흐름	566,358	681,488	726,762	516,085
기타영업활동으로 인한 현금흐름	−112,529	−28,618	−75,708	−80,401
투자활동으로 인한 현금흐름	−399,482	−536,286	−330,478	−279,528
투자활동으로 인한 현금유입액	63,008	155,517	254,825	134,745
(투자활동으로 인한 현금유출액)	462,489	691,803	585,303	414,273
기타투자활동으로 인한 현금흐름				
재무활동으로 인한 현금흐름	−94,845	−83,278	−239,910	−146,848
재무활동으로 인한 현금유입액	8,658	22,139	583	1,435
(재무활동으로 인한 현금유출액)	7,111	8,649	35,390	74,689
기타재무활동으로 인한 현금흐름	−96,392	−96,768	−205,104	−73,593

결론적으로 영업활동으로 인한 현금흐름이 플러스 방향으로 클수록 양호하고 부도 위험도 낮은 기업이라고 할 수 있다. 실전에서 기업의 이 지표를 살펴보면 5년 연속 마이너스를 기록한 기업이 상당히 많고 대부분 변동 폭도 상당히 크다.

앞의 지표는 삼성전자의 현금흐름표다. 대표적인 우량주인 만큼 참고해 종목을 선별하는 것이 바람직하다.

- 좋은 예

영업활동으로 인한 현금흐름이 대규모 흑자를 이어가고 흑자 규모도 큰 것보다 꾸준한 것이 더 안전할 수 있다.

- 나쁜 예

영업활동으로 인한 현금흐름이 적자를 이어가고 있다. 영업을 통해 실제로 들어오는 돈보다 나가는 돈이 많다는 뜻으로 향후 문제가 발생하는 경우가 많다.

(2) 투자활동으로 인한 현금흐름

기업이 생산설비에 투자하면 그에 따른 비용이 지출되고 반대로 기계장비 등을 매각하면 기업 내부로 돈이 들어온다. 따라서 투자활동으로 인한 현금흐름 유출액과 유입액을 실제로 계산해야 한다. 마이너스로 증가할수록 투자활동이 활발하고 플러스로 증가할수록 자산매각 등으로 인한 투자활동이 저조했음을 뜻한다.

주가는 꿈을 먹고 상승하는데 투자활동이 활발할수록 향후 성장성과 재료 발생 가능성이 크지만 너무 과도하면 재무적 안정성에 악영향을 미칠 수 있다. 종합적으로 과도하지만 않다면 마이너스 값으로 유지되는 것이 바람직하다.

(단위 : 억 원)

IFRS(연결)	2019/12	2020/12	2021/12	2022/09
영업활동으로 인한 현금흐름	453,829	652,870	651,054	435,684
당기순손익	217,389	264,078	399,075	318,126
법인세 비용 차감전 계속 사업이익				
현금유출이 없는 비용 등가산	424,268	461,506	527,991	486,690
(현금유입이없는 수익등차감)	49,842	45,321	37,435	70,341
영업활동으로 인한 자산부채변동(운전자본변동)	−25,458	1,224	−162,869	−218,391
영업에서 창출된 현금흐름	566,358	681,488	726,762	516,085
기타영업활동으로 인한 현금흐름	−112,529	−28,618	−75,708	−80,401
투자활동으로 인한 현금흐름	−399,482	−536,286	−330,478	−279,528
투자활동으로 인한 현금유입액	63,008	155,517	254,825	134,745
(투자활동으로 인한 현금유출액)	462,489	691,803	585,303	414,273
기타투자활동으로 인한 현금흐름				
재무활동으로 인한 현금흐름	−94,845	−83,278	−239,910	−146,848
재무활동으로 인한 현금유입액	8,658	22,139	583	1,435
(재무활동으로 인한 현금유출액)	7,111	8,649	35,390	74,689
기타재무활동으로 인한 현금흐름	−96,392	−96,768	−205,104	−73,593

위 지표를 보면 5년간 투자활동이 마이너스를 기록해 투자활동이 상당히 활발했음을 알 수 있다. 삼성전자의 투자활동 현금흐름표인데 대규모 투자를 하다 보니 적자로 표시되었는데 기업이 대규모 투자를 한다면 밝은 미래를 전망해볼 수 있다.

(3) 재무활동으로 인한 현금흐름

기업이 유상증자를 하거나 회사채를 발행해 자금을 유치했다면 현금이 회사 내부로 유입되었다는 뜻이다. 또한, 차입금 상환을 위해 비용을 지출했다면 부채는 감소했지만 그에 따라 현금이 회사 밖으로 유출되었다는 뜻이다.

(단위 : 억 원)

IFRS(연결)	2019/12	2020/12	2021/12	2022/09
영업활동으로 인한 현금흐름	453,829	652,870	651,054	435,684
당기순이익	217,389	264,078	399,075	318,126
법인세 비용 차감전 계속 사업이익				
현금유출이 없는 비용 등가산	424,268	461,506	527,991	486,690
(현금유입이없는 수익등차감)	49,842	45,321	37,435	70,341
영업활동으로 인한 자산부채변동(운전자본변동)	-25,458	1,224	-162,869	-218,391
영업에서 창출된 현금흐름	566,358	681,488	726,762	516,085
기타영업활동으로 인한 현금흐름	-112,529	-28,618	-75,708	-80,401
투자활동으로 인한 현금흐름	-399,482	-536,286	-330,478	-279,528
투자활동으로 인한 현금유입액	63,008	155,517	254,825	134,745
(투자활동으로 인한 현금유출액)	462,489	691,803	585,303	414,273
기타투자활동으로 인한 현금흐름				
재무활동으로 인한 현금흐름	-94,845	-83,278	-239,910	-146,848
재무활동으로 인한 현금유입액	8,658	22,139	583	1,435
(재무활동으로 인한 현금유출액)	7,111	8,649	35,390	74,689
기타재무활동으로 인한 현금흐름	-96,392	-96,768	-205,104	-73,593

위 지표에서 5년간 재무활동 현금흐름이 마이너스 값을 기록해 유상증자나 사채발행보다 그동안 부채를 많이 갚았음을 알 수 있다. 주식투자에서 기업의 유상증자는 큰 악재로 작용할 때가 많으므로 적당한 마이너스 값을 갖고 있다면 오히려 안정적이라고 할 수 있다.

Chapter 7

주가의 생애주기를 이용해 텐배거 잡는 방법

업종 사이클만 이용한다고 텐배거 종목을 잡을 수 있을까? 아무리 좋은 기업도 매수 시기에 따라 큰 수익을 내거나 고점에 물리기 마련이다. 업종 분석을 통해 성장 1기를 판단하고 주가의 생애주기를 통해 상승 초기에 매수해야 텐배거 종목을 잡을 확률이 높아진다.

업종 사이클만 이용한다고 텐배거 종목을 잡을 수 있을까? 아무리 좋은 기업도 매수 시기에 따라 큰 수익을 내거나 고점에 물리기 마련이다. 너무 일찍 매수하면 기다리는 시간이 길어지고 늦게 매수하면 수익이 적거나 손실이 발생하는 곳이 주식시장이다. 업종 분석을 통해 성장 1기를 판단하고 주가의 생애주기를 통해 상승 초기에 매수해야 텐배거 종목을 잡을 확률이 높아진다.

7-1
기술적 분석의 의미

    기술적 분석을 무시하는 주식투자자들은 오직 100% 성공만 생각한다. 주식시장에서 급락을 이기는 비법은 없다. 급락장에서는 한두 번 성공해도 결국 실패할 확률이 커진다. 그럼에도 매매 비법이 왜 필요할까?

    시장이 안정적일 때 남들보다 빨리 더 큰 수익을 올리고 시장이 하락할 때 빠른 손절로 손실을 최소화하기 위해 매매 방법이 필요한 것이다. 기술적 분석을 위해서는 맨 먼저 주가의 생애주기를 알고 파동을 그리는 법도 알아야 한다. 생애주기에서 2차 파동 시작 때 올라타야 가장 빠르고 안정적인 수익이 가능하기 때문이다. 주가의 생애주기 중 1차 파동은 속임수에 당할 수 있으며 3차 파동은 너무 고공권이어서 기대수익률이 크지 않은 경우가 많다. 2차 파동의 시작 신호는 캔들과 이동평균선을 이용해 포착한다.

1. 주가의 생애주기를 이용한 급등주 포착법

1) 주가의 생애주기

모든 생명체에 생애주기가 있듯이 주가에도 생애주기가 있다. 주가의 생애주기만 알아도 저점매수, 고점매도를 할 수 있고 하락하는 종목의 매수를 피할 수 있다. 주가는 끝없이 상승하거나 하락하지 않는다. 주가는 보통 세 번의 상승파동이 발생하고 하락하면 중장기 고점으로 판단해야 한다. 세 번의 상승파동 이후 급락이 나오면 하락폭의 50%가량 되돌림 반등이 나오고 2차, 3차 하락으로 이어지는 경우가 많다. 이때가 투자자들이 가장 조심해야 할 구간으로 절대로 매수에 가담하면 안 된다.

✓ 급락 후 50% 반등 지점이 고점이 되는 이유

주가가 고점에서 급락한 후 반등을 시작하면 저점에서 잡은 투자자들은 수익이 날 것이고 고점에서 잡은 투자자들은 손실폭이 감소할 것이다. 급락폭의 50% 반등 지점은 손실을 본 투자자들의 매도 욕구와 저점에서 매수해 수익을 본 투자자들의 차익실현 욕구가 더해져 강력한 저항작용을 한다.

2) 주가의 생애주기 공식

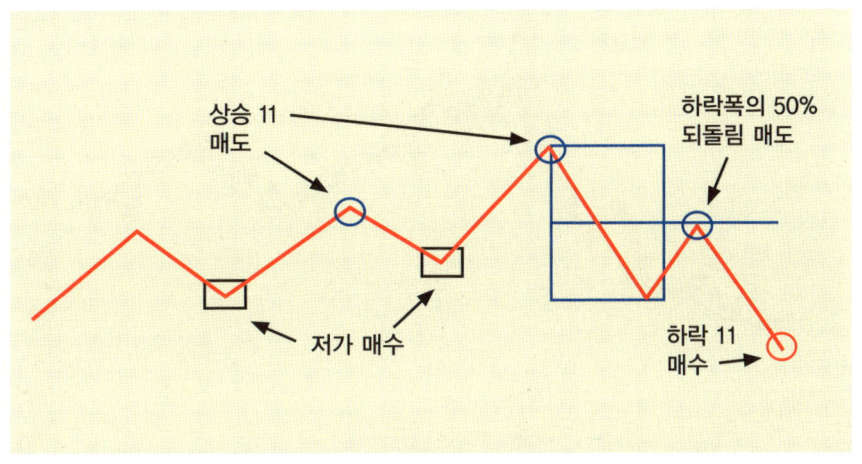

- 생애주기의 예

생애주기를 판단할 때 가장 중요한 것은 주가의 저점과 고점을 연결한 진폭을 그리는 것이고 더 중요한 것은 1차 파동의 끝과 2차 파동의 시작을 판단하는 것이다. 세 번의 상승파동 후 급락과 50% 반등 후 장기하락으로 진행되었다. 매도해야 할 국면에서 매수하면 큰 손실을 입을 수 있다.

차트 17

　다음 종목도 생애주기 공식대로 움직였다. 바닥에서 세 번의 상승파동 이후 급락했고 급락파동의 50% 되돌림 반등이 나왔지만 그 지점이 반등의 최고점이 되었고 주가는 급락으로 돌변했다. 고점에서 세 번의 하락파동이 발생하고 나면 저가매수가 가능하다.

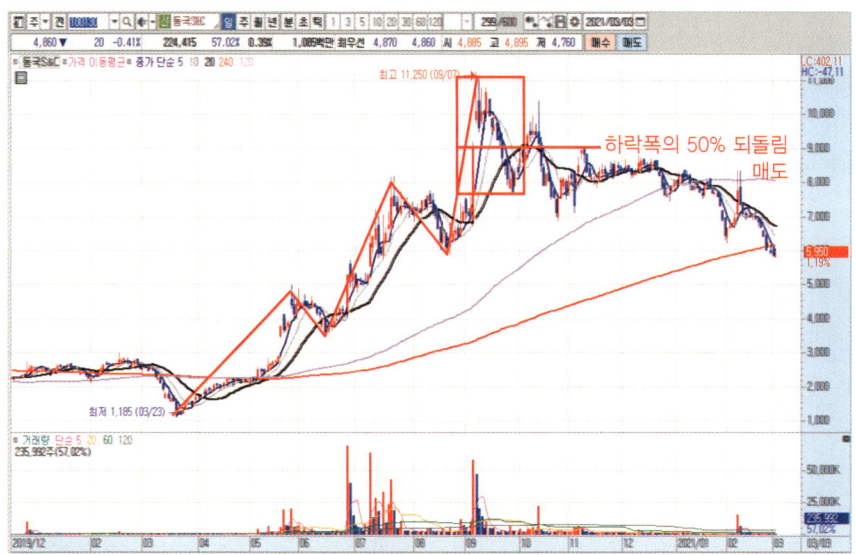

차트 18

2. 주가 파동 그리기

파동을 알려면 진폭부터 알아야 한다.

1) 진폭

주가의 저점부터 고점까지 하나로 연결한 선을 말한다. 저점부터 고점까지 선을 계속 만들어나가면 되는데 진폭은 길거나 짧게 만들 수 있다. 추세선과 진폭을 합성하면 패턴이 형성되므로 추세선과 진폭을 반드시 그릴 수 있어야 한다.

3. 진폭 그리기

주가의 저점과 고점을 하나의 선으로 연결해본다. 차트를 길게 보면 길게 그리고 짧게 보면 짧게 진폭을 그릴 수 있다.

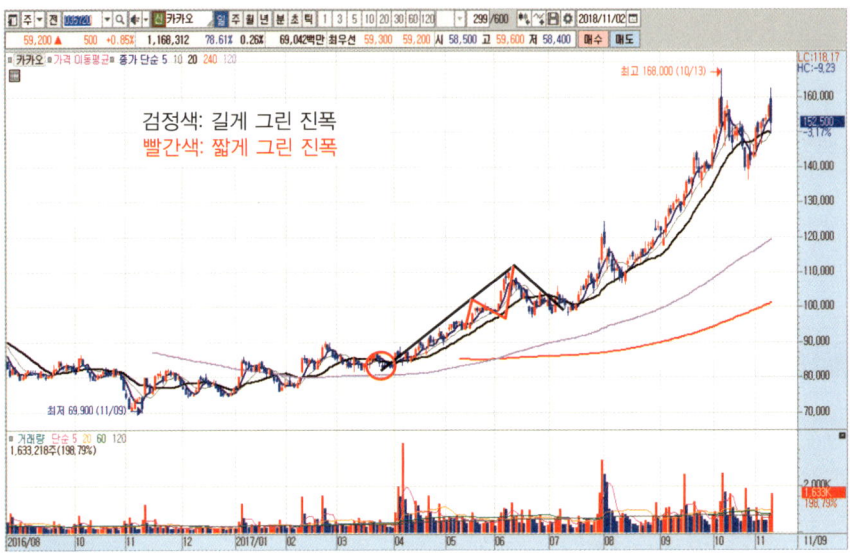

차트 19

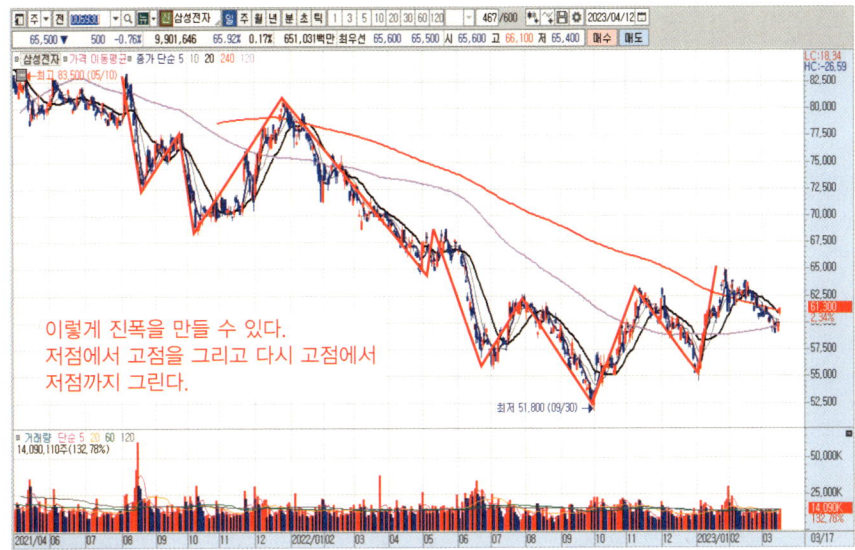

차트 20

    이 종목은 삼성전자 차트로 당시 주가의 진폭을 모두 그려보았다. 저점부터 고점까지 연결하고 다시 고점부터 저점까지 연결하면 진폭이 만들어진다.

연습용 차트

다음 차트의 진폭을 여러분이 직접 그려보시기 바란다.

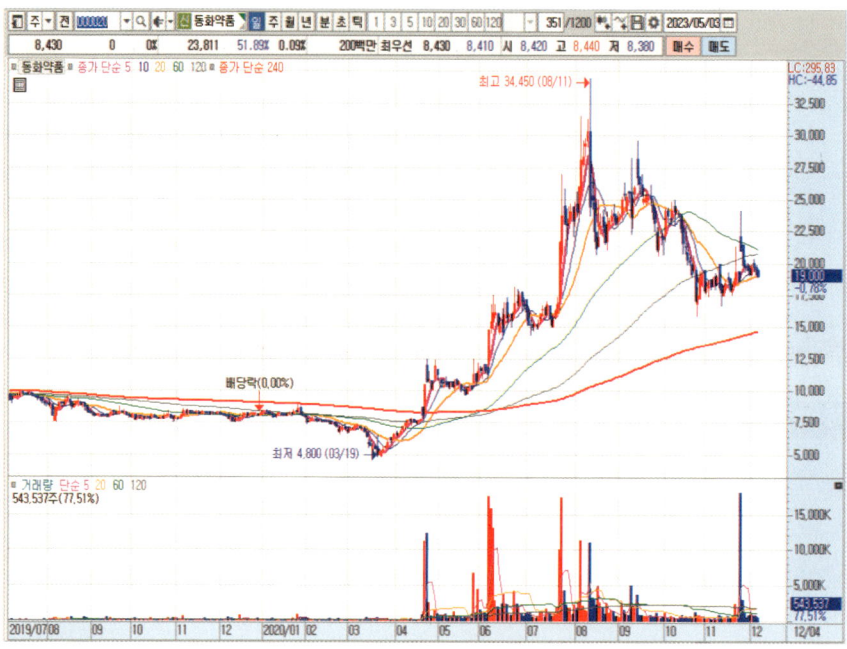

차트 21

7-2
생애주기와 파동을 이용해 최적의 매수 시기 포착하기

1. 1차 파동의 끝 찾기

주가는 상승하면 조정이 발생하는데 1차 상승의 끝지점은 어떻게 찾아야 할까? 필자는 가장 좋은 방법으로 20일선을 10% 이상 하향돌파하는 하락이 나올 때를 1차 상승의 끝지점으로 판단한다. 그리고 20일선 밑에서 2중, 3중 바닥을 완성하고 20일선을 회복하는 시점을 2차 상승의 시작 지점으로 판단한다. 이때 주식을 매수하면 '대박' 시세를 잡을 확률이 높아진다. 1차 상승폭이 클수록 2차 상승폭도 큰 경우가 많다.

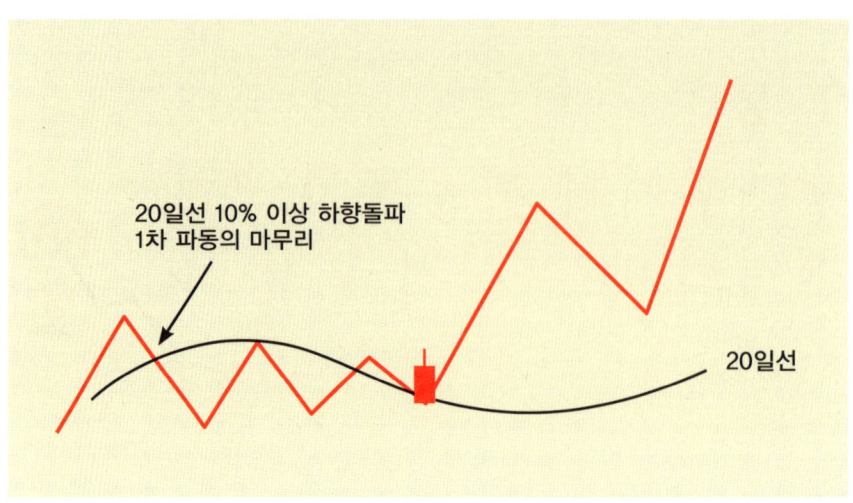

 2차 파동이 시작되는 종목들의 기대수익률은 50%로 잡을 수 있는데 2차 파동 시작 지점의 기대수익률은 과거 차트를 참고해보면 된다.

(1) 솔트룩스

20일선을 10% 이상 처음 하락돌파한 지점을 1차 파동의 끝지점으로 볼 수 있다.

차트 22

1차 파동 후 2차 파동 시작 지점까지 대부분 긴 시간이 걸린다. 2개월부터 6개월 이상 조정기를 맞기도 한다.

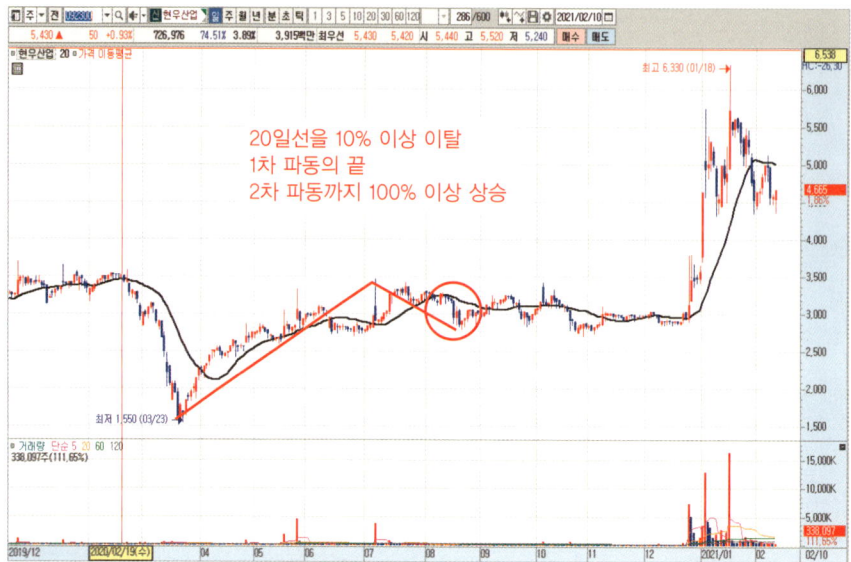

차트 23

(2) HMM

바닥에서 1차 상승 후 20일선을 언제 10% 이상 하향돌파했는지 살펴보자. 그 시점이 바로 1차 파동의 끝지점이고 그 후 2차 파동이 시작될 확률이 크다. 물론 모든 종목에서 2차 파동이 발생하는 것은 아니므로 이때 업종 사이클, 실적, 이슈를 종합적으로 판단해야 한다.

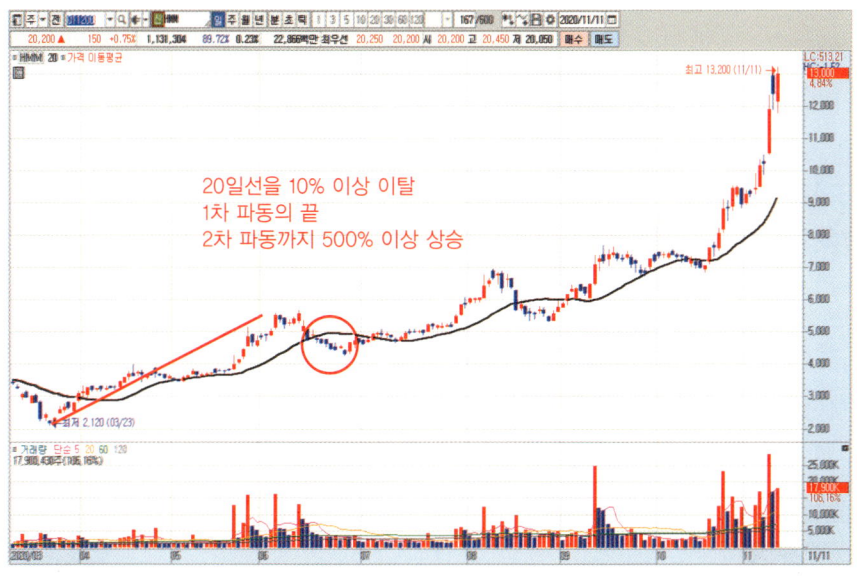

차트 24

(3) 미래생명자원

바닥에서 1차 급등이 발생했고 20일선을 10% 이상 처음 하향돌파하면서 지루한 조정 국면에 진입했다. 2차 상승 발생 때까지 5~6개월가량 지루한 조정을 보였고 2차 상승이 시작되면서 100% 이상 상승했다.

차트 25

연습용 차트

1차 파동의 끝지점을 직접 찾아보자.

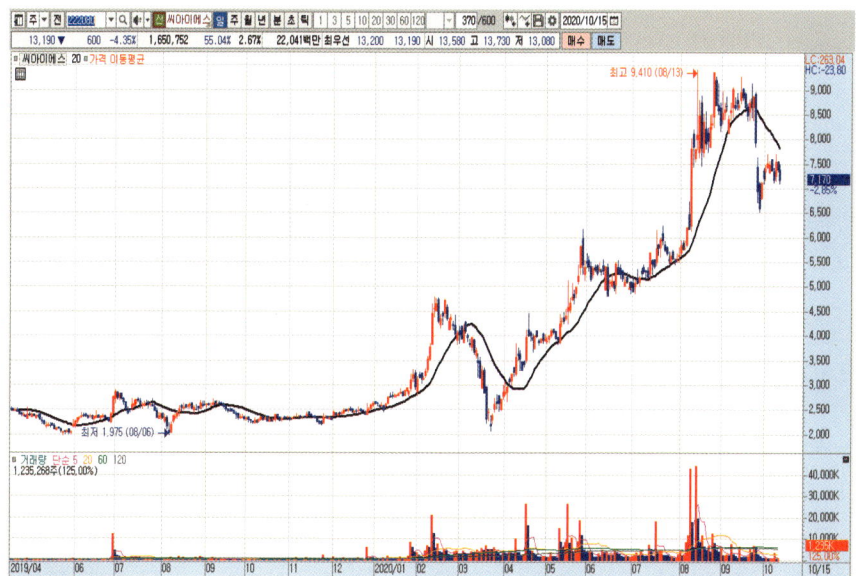

차트 26

2. 1차 파동을 구별하는 방법

어디서 1차 파동으로 보는가? 다음 차트의 앞부분에 1차 파동처럼 보이는 부분이 있다. 이때 저점이 이전 상승의 저점에서 이탈했기 때문에 1차 파동으로 보지 않는다. 한 번의 급등으로 다시 전저점을 이탈했다면 이탈한 지점부터 1차 파동으로 판단한다.

차트 27

3. 목표가는 어떻게 산정하는가?

1) 상승 11 법칙을 이용한 최고점 매도 공식

하락 11 법칙을 이해하기 전 먼저 기억할 것은 바로 앞에서 배운 진폭이다.

원리: 주식은 1차 하락의 상승만큼 조정 저점에서 2차 상승 발생 후 하락한다. 필자가 수많은 상담을 받아본 결과, 이 부근에서 매수하는 투자자들이 무척 많았다. 당시 주가를 보면 긍정적인 이야기만 나오고 그 시점에서 보면 주가가 계속 상승할 것처럼 보이기 때문이다. 이 구간을 보면 이후 하락이 나올 것으로 예측하기 어렵다.

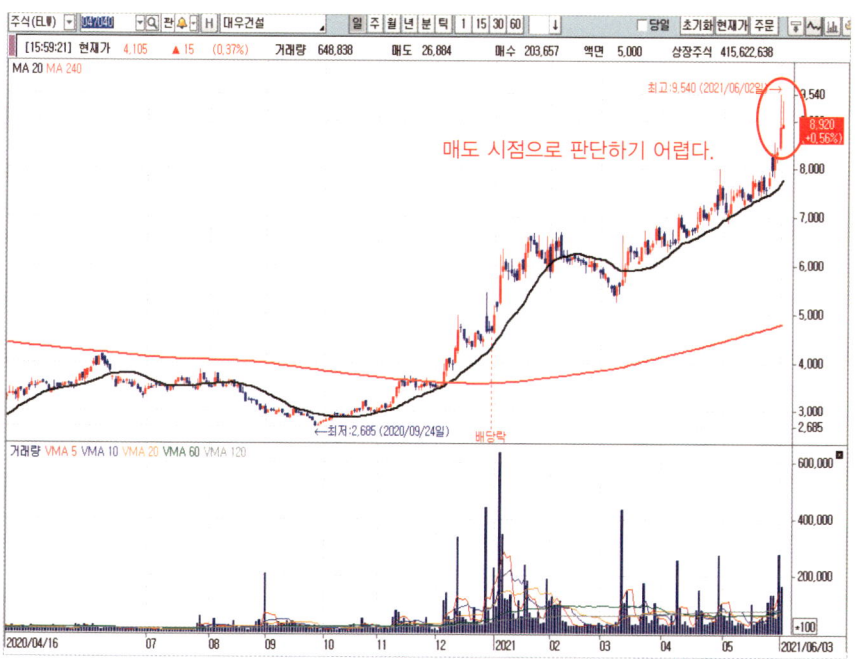

차트 28

그래서 주식투자에서 공식을 알아야 하는 것이다. 바로 이 부근이 분할매도 구간이고 절대로 매수하면 안 되는 구간이다. 이런 종목을 고점에서 매수만 안 해도 돈을 번 것과 같다. 1차 하락상승 후 조정이 나오면 반등 고점에서 1차 상승폭만큼 2차 상승이 진행된 가격이 분할매도 국면이다.

다음 그림의 1차 상승폭만큼 조정 저점에서 2차 상승 구간은 매수금지 구간이며 그 구간을 5~10% 추가 상승할 때 보유한 투자자에게는 분할매도 국면이 된다. 독자 여러분이 특정 종목을 매수할 때 상승 11 구간에 있다면 절대로 매수하면 안 된다.

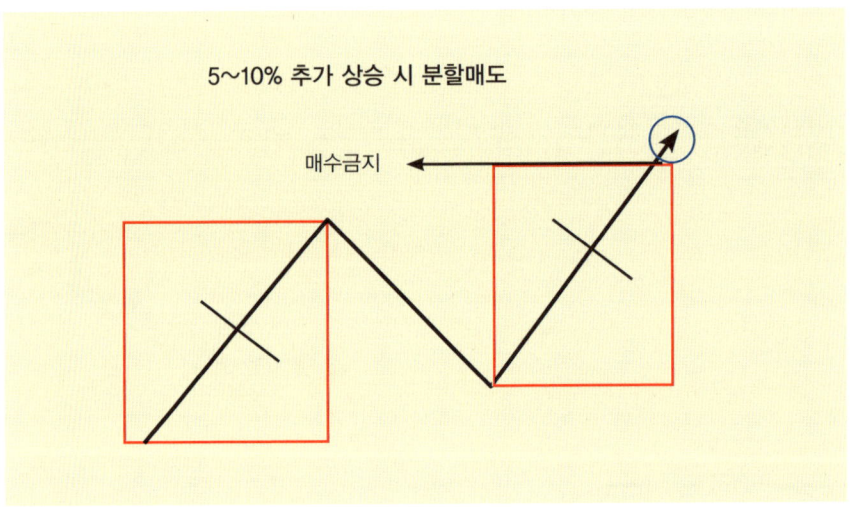

금호석유는 상승 11 법칙에서 고점을 찍고 급락으로 돌변했다. 향후 주가가 상승하더라도 고점에서 매수한 투자자들의 심적 고통은 클 수밖에 없다. 이런 자리를 피해야 주식투자에서 성공할 수 있다. 금호석유는 실제로 상승 11 구간에 진입할 당시 실적도 좋았고 증권사 추천도 자주 나왔지만 주가는 급락했다.

차트 29

　　상승 목표치는 1차 상승폭만큼 2차 상승을 노린다. 1차 상승이 클수록 2차 상승도 크므로 1차 상승이 컸던 종목을 더 선호하게 된다.

2) 목표가 산정법

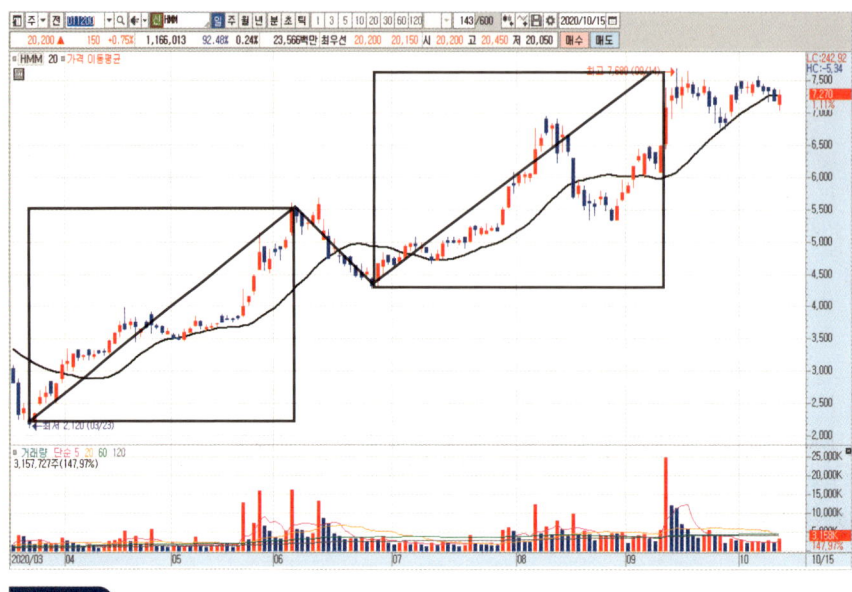

차트 30

위의 설명을 잘 보여주는 종목 차트다. 주가의 생애주기가 절묘하게 맞아 떨어진 종목으로 세 번의 파동과 상승 11 매도 공식까지 한눈에 이해할 수 있다.

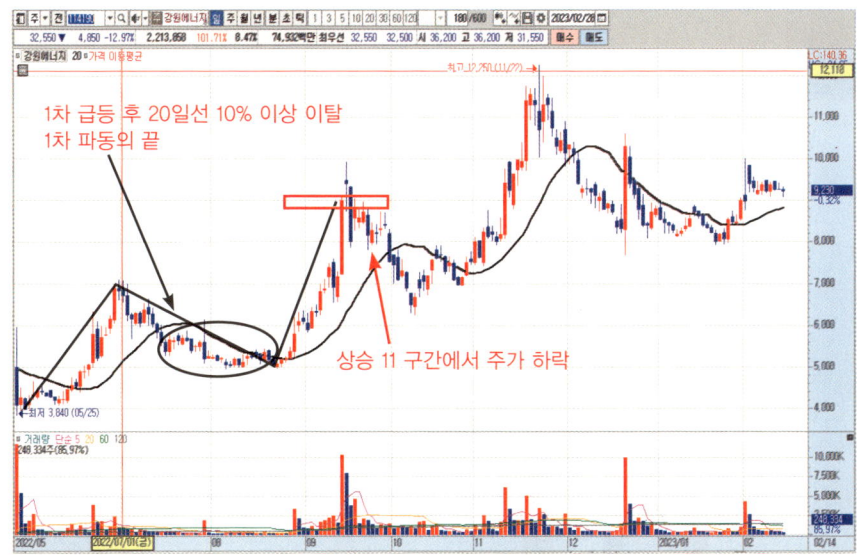

차트 31

3) 2차 파동 시작 지점을 잡는 간단한 방법

1차 파동이 끝나고 20일선에서 하락할 때 무조건 매수하면 손실이 깊어질 수 있으니 최대한 바닥을 확인하고 상승하기 시작할 때 매수하는 방법을 알아두어야 한다. 일단 주가의 기본 공식인 장대 양봉 지지 패턴을 알아두는 것이 좋다.

⑴ 장대 양봉 지지 패턴

이 패턴은 실제 주식시장에서 매우 유용하므로 집중적인 연구가 필요하다. 지지를 판단할 때 갭보다 중요한 것이 양봉 시작 지점에서의 지지다. 첫 장대 양봉이 출현할 때는 대부분 갑작스러운 매수세 출현으로 분봉차트상 순식간에 급등해 저점매수 기회를 제대로 주지 않으므로 이 패턴은 상승 초기에 못 잡으면 주가 눌림 때 매수할 수 있는 최상의 전략이다.

(2) 상승지속형 지지 패턴

중요 이동평균선을 장대 양봉으로 돌파할 때 최고의 신뢰도를 제공한다. 장대 양봉 출현 후 지지를 확인하고 매수하는 방법이다.

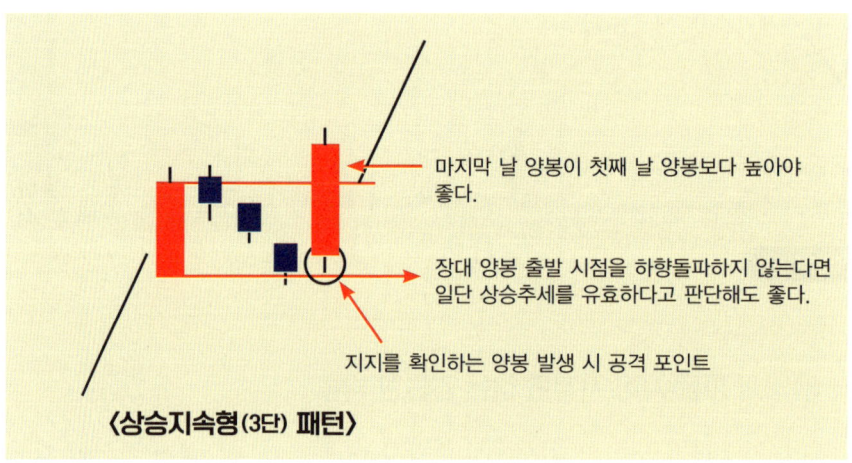

4) 이전 장대 양봉이 중요한 이유

장대 양봉의 시작 지점은 매수세력의 매집 단가와 일치하거나 그 수준인 경우가 많다. 따라서 매수세력은 이 가격의 방어에 힘쏠 것이고 이후 주가를 다시 상승시킬 것이다. 만약 이전 장대 양봉 지지에 실패했다면 매수세력의 힘이 약하다는 뜻이다. 바로 이것이 장대 양봉 시작 지점을 손절선으로 설정하는 이유다.

1차 파동이 마무리되고 2차 상승이 시작될 때 캔들이 주요 이동평균선(20, 60, 120, 240일선)을 상향돌파하는 경우가 많다. 특히 이 이동평균선들이 밀집했을 때 돌파하면 더더욱 좋다. 이동평균선 돌파 후 눌림을 이용해 매수하면 좋다. 이때 이동평균선은 하락 기울기보다 상승 기울기일 때 신뢰도가 높다는 점을 명심해야 한다.

4. 볼케이노 매매 기법

볼케이노는 양봉이 화산처럼 이동평균선을 돌파하는 것에 비유해 붙인 이름이다. 1차 파동 후 장기간 조정 과정을 보인 종목이 거래량을 수반하면서 장대 양봉으로 이동평균선 3~5개를 돌파하면 매수 급소가 발생한 것으로 본다.

1) 전략 적용 시기

<u>바닥권에서 1차 상승 시기, 추세전환 장세, 1차 상승 후 눌림목 시기에 적용한다.</u> 볼케이노 기법은 화산폭발처럼 장대 양봉이 이동평균선을 강력히 돌파한 후 발생하는 눌림목에 공격하는 기법으로 두 가지가 있다. 양봉의 50%만 하락하며 조정받는 것과 양봉의 시작 지점까지 흘러내리며 조정을 받는 것이다. 전자가 볼케이노 1기법이고 후자가 볼케이노 2기법이다.

2) 볼케이노 1기법

캔들이 이동평균선을 불기둥처럼 돌파하는 것에 비유해 필자는 '볼케이노'라고 부른다. 장대 양봉으로 이동평균선을 돌파한 후 숨고르기가 진행될 때 장대 양봉의 시작 지점에서 지지를 받으며 급등하는 경우도 있지만 장대 양봉의 50% 조정에서 다시 급등하는 경우도 매우 많다.

장대 양봉으로 주요 이동평균선을 상향돌파하고 50%선 조정이 발생하면 주가는 대부분 이동평균선 상단에 위치한다. 양봉의 50% 지지와 이동평균선의 지지를 함께 받는 만큼 지지력은 강하다고 할 수 있고 조정이 얕아 급등도 자주 출현한다. 이때 일봉은 포물선을 그리며 조정을 보이는 것이 특징이다.

이제 주가조작 관리가 철저해지면서 과거처럼 1,000%씩 급등하는 종목을 찾기는 쉽지 않다. 세력들도 까다로운 제재 때문에 주가를 쉽게 올리지 못하므로 최근 매수세력은 길게 매집하지 않고 단기매집해 주가를 끌어올리는 경우가 잦다. 연속적인 상한가가 줄고 단기 강세를 보이는 경우가 많으니 이것을 찾아내는 능력을 키워야 한다.

일반적으로 이틀 연속 강한 양봉이 발생하고 거래량 없이 하락한 종목이 최고 타깃이 된다. 이 세력들은 물량 재매집 후 주가를 급등시키거나 일

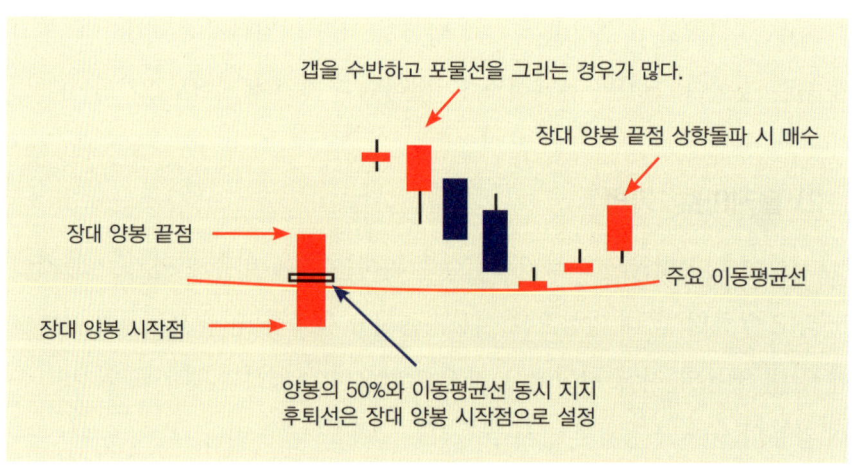

단 보유물량을 매도하기 위해서라도 주가를 끌어올릴 수밖에 없는데 이것을 찾아내는 기법이다. 세력 이탈 여부는 전적으로 거래량에 의존하는 것이 바람직하다.

* **볼케이노 1기법의 기본 패턴**

(1) STX

바닥에서 단기급등한 후 20일선을 10% 이상 하향돌파하며 1차 파동이 마무리되었고 이후 다시 이동평균선 여러 개를 한 번에 돌파하며 장대 양봉이 출현했다. 양봉의 50% 조정 구간에서 다시 지지를 받는 양봉이 출현하는 시점을 매수 시점으로 잡을 수 있고 2차 파동의 시작이 된다. 이동평균선 여러 개를 한 번에 돌파하는 양봉일수록 급등할 확률이 높다.

차트 32

(2) 제주은행

일봉 차트에서 거래량이 크게 증가하면서 240일선을 장대 양봉으로 상향돌파했고 이후 양봉의 50% 지점까지 조정받은 후 양봉이 출현했다. 양봉으로 마감하는 것을 확인한 후 매수에 가담하는 것이 바람직하다.

차트 33

(3) 미래컴퍼니

일봉 차트에서 볼케이노 양봉 출현 후 양봉의 50% 조정 구간에서 양봉 출현을 기다려야 한다. 이후 주가는 다시 한번 급등했고 2차 파동이 시작되는 구간이어서 비교적 큰 수익을 기대할 수 있다.

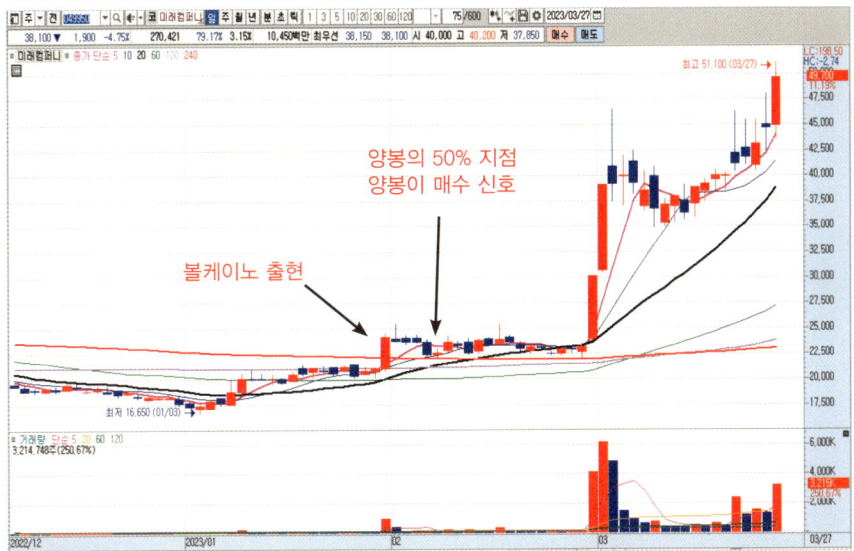

차트 34

5. 볼케이노 2기법

모든 종목은 상승세를 지속하려면 주요 이동평균선을 돌파해야 한다. 이때 거래량은 손바뀜 현상으로 인해 증가하는데 여기서 주요 이동평균선은 20일선, 60일선, 120일선 중 어느 것이든 상관없다. 여기서 가장 중요한 것은 이동평균선의 기울기와 거래량이다. 주가가 이동평균선을 상향돌파하면 보통 숨고르기 국면에 진입하는데 이때 이동평균선 돌파 때 발생했던 장대 양봉의 지지를 받아주는지 여부를 체크해야 한다. 이때 주가 조정 기간은 일주일가량이 적당하다.

다음 그림은 최상의 조건을 그려놓은 것으로 반드시 이렇게 진행될 필요는 없다. 원리는 주요 이동평균선 돌파 후 조정 때 장대 양봉 시작 지점에서 지지가 발생하고 거래량이 수반되면서 상승하느냐 여부다.

1) 볼케이노 2기법의 기본 패턴

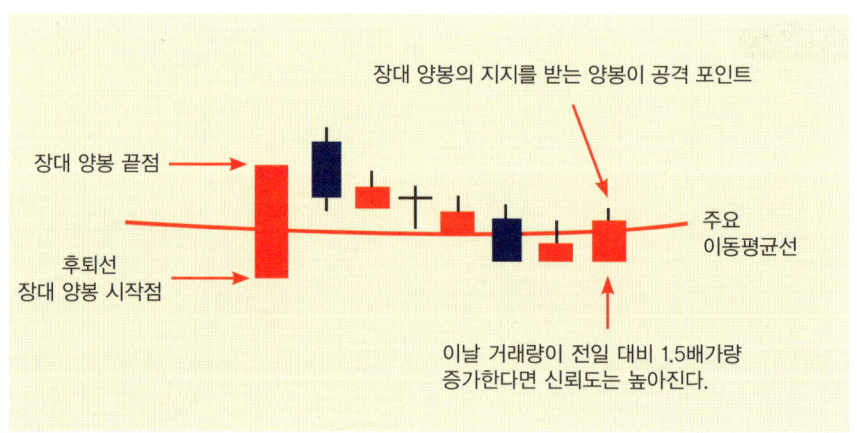

* 대모 차트

1차 파동이 끝나고 장기간 주가하락이 지속되었다. 그리고 주가가 20일선과 120일선을 장대 양봉으로 돌파하는 흐름이 발생했다. 장대 양봉 출현 후 양봉의 50% 지점에서 지지는 실패했지만 양봉 시작 지점에서 지지를 받는 양봉이 다시 출현했고 이것을 2차 파동의 시작으로 판단해 매수 시점으로 잡을 수 있다.

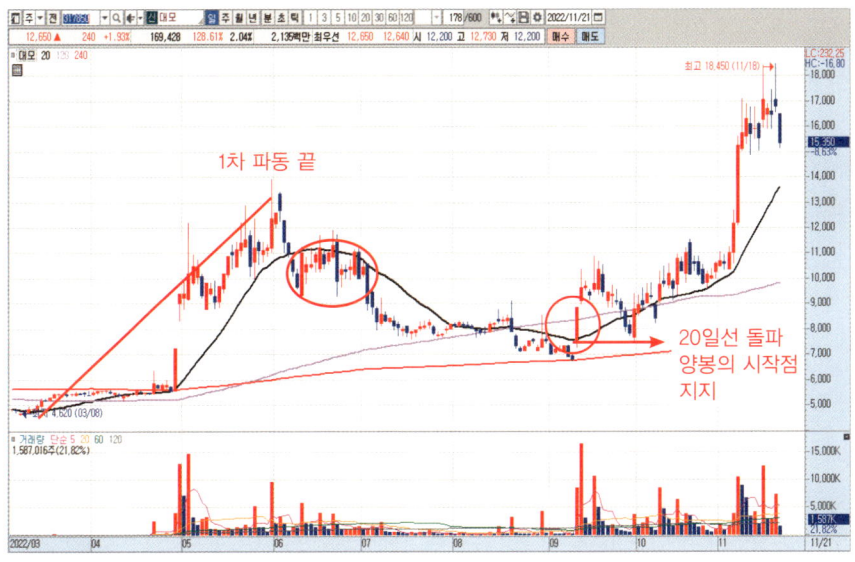

차트 35

매매 팁

20일선 붕괴 시 매매 전략

주식 관련 서적 어디를 보더라도 이동평균선 붕괴 시 매도라고 되어 있고 당연한 말이다. 20일선 붕괴를 수급 붕괴로 판단하고 매도하는 것이 최선이지만 반대로 이동평균선 붕괴를 강력한 매수 시점으로 잡아야 할 때도 많다.

(1) 20일선 붕괴 시 매도해야 할 종목

1) 개인매매 비중이 높은 종목은 이동평균선 붕괴 시 급락으로 이어질 확률이 높다. 따라서 개인이 선호하는 종목은 이동평균선 붕괴 시 매도해야 손실을 줄일 수 있다.

2) 이동평균선의 상승 기울기가 약한 종목도 이동평균선 붕괴 시 매도해야 손실을 줄일 수 있다. 20일선 이동평균선의 기울기가 약하다는 것은 그만큼 상승 강도가 약하다는 의미다.

3) 이동평균선 붕괴 시 음봉 발생

이것은 강력한 매도 시그널이다. 이동평균선이 붕괴될 때 음봉이 발생한다는 것은 매수세력이 없다는 뜻이다. 음봉 이후 갭하락까지 수반된다면 반드시 매도해야 한다.

4) 일평균 거래량이 50만 주 이하인 소형주 종목은 불과 몇 명에 의해 주가가 움직이므로 그들의 생각 하나가 주가를 급락으로 이끌 수 있고 기타 소액 투자자의 손절물량이 출회될 가능성이 크므로 20일선 붕괴 시 매도하는 것이 바람직하다.

(2) 이동평균선 붕괴 시 매수해야 할 종목

1) 이동평균선 붕괴 후 음봉이 아닌 양봉이 발생하는 경우, 저점 매수세력의 유입으로 판단해도 무방하며 이것은 모든 종목에 적용할 수 있다. 이때는 강력한 저점 매수 시그널로 판단한다. 이동평균선의 붕괴 시점을 대부분의 투자자들이 매도 타이밍으로 잡고 있음에도 일봉상 양선이 발생한다는 것

은 누군가가 개인 물량을 받고 있을 가능성이 높고 향후 강한 주가 상승이 나올 수 있다.

2) 이동평균선의 기울기가 가파르면 상승 에너지가 강하다는 것을 의미한다. 이런 경우, 20일선이 붕괴되더라도 조만간 상승으로 다시 전환되는 경우가 많다.

※ 주의할 점

이동평균선이 붕괴된다고 무조건 매수하면 안 된다. 하방경직성을 확보하는지 2~3일간 반드시 확인한 후 매수에 가담해야 한다. 주가의 추가 하락 여부를 2~3일간 확인한 후 지지력이 강하다면 그때 매수에 가담해도 늦지 않다.

(3) 주식정보는 산업동향을 살펴라

주식시장에는 수많은 루머가 난무하는데 눈먼 개미투자자들의 돈을 빼앗기 위해 수많은 작전세력이 개인투자자를 현혹한다. 다음은 초보투자자가 당하기 가장 쉬운 내용이다.

"○○ 종목은 △△ 작전세력(과거 특정 종목을 급등시켰던 세력이라고 현혹한다)이 매집하는 중이므로 열 배까지 올린다더라, ○○ 종목은 대규모 정부 정책으로 ○배 상승할 것이다, ○○ 종목은 우회상장이나 인수합병으로 대박이 날 것이다, ○○ 종목은 초대형 수주 공시가 뜬다더라, ○○ 종목은 내가 아는 사람이 작전해 주가를 급등시킨다더라" 등등 현혹하는 내용들에 초보 개미투자자들이 당하기 쉽다. 쉽게 돈벌 마음에 덥석 전 재산을 투자해 순식간에 반토막이 나기도 한다.

주식시장은 초보투자자가 쉽게 돈벌 수 있는 곳이 아니다. 개미투자자들의 돈을 노리는 세력들이 도사리고 있음을 한시도 잊으면 안 된다. 도박판에 타짜와 설계사가 있듯이 주식시장에는 작전세력이 있다. 그렇다면 주식투자에서 어떤 정보에 귀를 기울여야 할까?

기업 내부정보나 작전세력 관련 내용은 내부자가 아닌 이상 절대로 알아낼 수 없지만 산업동향, 신기술, 업황호조 등의 호재는 조금만 노력하면 알아낼 수 있다. 업황호조는 보통 1~2년 이상 상승파동이 발생하므로 주식정보를 알아내려면 작전세력의 루머가 아닌 업황정보를 입수해야 한다. 그래야만 실패 없이 평생 주식시장에서 살아남을 수 있고 그 어떤 재테크보다 부를 빨리 쌓아가는 수단이 될 것이다.

※ 업황호조란?

조선, 해외 플랜트, 기계, 자동차, 반도체, LCD 업종 등을 들 수 있다. 이런 업황호조는 길게는 수년간 이어지는 경우가 많다. 업황호조 정보는 실패가 적지만 내부정보는 대부분 실패한다.

- 조선 및 기자재 업종: 30배 이상 급등(2005년부터 2007년 말까지)
- 자동차 및 부품주: 10배 이상 급등(2009년 초부터 2011년 초까지)
- 반도체, LCD 부품주: 5배 이상 급등(2009년 중반부터 2023년 현재까지)
- 스마트폰 관련주: 10배 이상 급등(2009년 중반부터 2010년 말까지)
- 화학: 10배 급등(2009년 중반부터 2023년 현재까지)
- 원자력발전주: 5배 이상 급등(2009년 중반부터 2010년 중반까지)
- 2차전지: 10배 이상 급등(2020년부터 2023년 현재까지)

(4) 상생기업을 찾아라

주식시장은 업종이 호황이면 최장기간 상승하며 급등세를 보이지만 이것이 시장에 노출되면 주도주는 바닥권에서 이미 큰 폭으로 상승해 가격부담이 생기기 마련이다. 여기서 주도주란 업종 톱 픽 종목을 의미한다. 예를 들어, 전기·전자는 삼성전자, 화학은 LG화학, 자동차는 현대·기아차가 될 것이다. 한때 3~4만 원에 불과하던 종목이 6~7만 원에 육박한다면 그 종목을 추격매수해야 할지, 만약 따라 산다면 기대수익률은 얼마나 될지 많이 고민될 것이다.

시장은 급등주 하나가 탄생하면 항상 다음 후발주를 찾아나서기 마련이다. 이때 매수해야 할 종목이 바로 주도주에 납품하는 비중이 높은 기업이다. 업종호황으로 급등하는 종목들은 테마주와 달리 중장기 투자로 충분히 승부를 걸어볼 만하다. 업황이 호황을 기록한다면 한 기업만 실적이 좋아질까? 아니다. 주력제품을 생산하는 기업들의 실적이 좋아지겠지만 거기에 원자재를 납품하거나 장비 또는 주문제작 방식의 기업실적도 함께 좋아질 것이다.

예를 들어보자.

한국 증시의 대장주 삼성전자가 상승하려면 크게 반도체, 디스플레이, 휴대폰산업 셋 중 하나 이상의 호황이 필요하다. 이중 반도체산업이 호황을 보여 삼성전자 주가의 급등이 기대된다면 삼성전자보다 중소형주의 탄력이 좋으므로 높은 수익을 위해 중소형주 투자가 더 좋을 수도 있다. 반도체산업이 성장하고 삼성전자 실적이 좋아진다면 당연히 삼성전자 반도체 부문 납품 비중이 높은 기업에 투자해야 할 것이다(반도체 장비, 반도체 소재 등).

반도체산업이 호황을 맞으면 첫째, 반도체 소재업체들에 맨 먼저 수주가 갈 것이다. 그리고 주문제작 방식의 기업들도 삼성전자와 같은 호황을 맞이할 것이다. 특히 국내점유율이 높은 기업은 더더욱 좋은 투자 대안이 될 수 있을 것이다.

반도체 소재업체 다음은 반도체 장비업체가 될 것이다. 반도체 장비는 설비투자로 반도체산업이 중장기 호황을 기록하면 생산량을 늘리기 위해 투자를 확대할 때 수혜를 입는다. 바로 그런 이유로 주도주 하나가 탄생하면 거기에 납품하는 기업들에 주목해야 하는 것이다. 휴대폰산업의 성장으로 삼성전자 실적이 좋아질 것 같다면 삼성전자에 휴대폰 부품 납품 비중이 높은 기업에 투자하는 것이 바람직하다. 시장 시세는 항상 관련 기업으로 퍼져나가고 주도주의 가격부담이 크면 시장의 매수세력은 후발주를 찾아내기 위해 혈안이 된다는 점을 기억하고 종목 선정에 더 신중을 기하기 바란다. 실적이 좋아질 종목임에도 시장에 노출되지 않아 바닥권에서 맴도는 종목들이 반드시 있기 마련이다. 이때 남들보다 먼저 그런 기업을 찾아낸다면 주식시장에서 돈버는 것은 별로 어려운 일이 아니다.

(5) 테마의 끝은 이렇게 판단하라

테마주는 잘하면 대박이 나지만 잘못하면 쪽박이므로 반드시 초기에 잡아야 하며 테마 상승이 끝날 때 신호를 알고 빠져나와야 한다. 테마주의 끝은 이렇게 판단하면 된다.

테마가 탄생할 때 상승 초기에는 실질적인 수혜주에 엄청난 매수세가 몰리며 1차 급등한다. 주도주가 계속 상승하면 가격부담으로 투자자들은 아직 오르지 못한 바닥권 수혜주를 찾아 나서는데 상승 중반까지도 실제 수혜주가 남아 있어 테마 상승은 확산된다. 하지만 수혜로 보기에는 억지스러운 모습의 종목들까지 급등에 동참한다면 테마 상승의 끝으로 판단하고 빠져나와야 한다.

(6) 주도주가 보유한 기업도 대박

시장에는 어떤 형태로든 항상 주도주가 탄생한다. 업황이 호조를 보이며 급등할 때는 상승파동이 쉽게 꺾이지 않고 장기간 상승한다. 산업이 슈퍼 사이클에 진입하면 가끔 10배 이상 초대형 상승이 발생하는데 대표적으로 조선, 플랜트, 자동차, IT 업종을 들 수 있다. 주도주가 탄생하면 보통 주가가 상당한 상승세를 기록했을 때 그 종목이 주도주임을 알게 되므로 그만큼 추격매수의 위험을 감수해야 한다. 주도주가 더 상승하고 끝까지 가는 주식시장이나 상투를 잡아 실패했을 때의 충격은 상상 이상이므로 그만큼 용기가 필요하다.

주도주가 급등하면 주식시장은 오르지 못했던 관련주들을 매수해 균형을 맞추는 작업이 진행되는데 이때 적당한 종목을 매수할 줄 알아야 한다. 그 방법 중 하나가 바로 주도주가 보유한 자회사나 투자한 기업을 매수하는 것이다. 그렇다고 주도주가 보유한 종목을 무조건 매수하라는 말은 아니다. 주도주가 시너지효과를 위해 인수한 기업을 공략해야 한다. 주도주가 급등하는 이유는 분명히 실적 기대감이 작용한 것이고 그 기업의 실적이 좋아지면 다른 기업보다 우선 자신들이 투자한 기업 제품에 먼저 수주를 발주할 가능성이 높다. 주도주 실적이 좋아지면 그 기업이 투자한 업체들 실적이 좋아질 가능성도 높아지는 것이다. 그러므로 중대형주에서 급등주 하나가 탄생하고 업황호조가 이어지면 어렵게 종목을 찾지 말고 그 기업이 보유한 기업을 매수하면 쉽게 수익을 올릴 수 있다.

* 주도주가 보유한 기업의 급등 사례
- 자동차 업종의 대가 현대·기아차가 급등할 때 그들이 보유한 종목인 현대제철, 유비벨록스가 엄청난 상승세를 기록했다.
- 디스플레이의 대가 LG디스플레이가 급등할 때 그들이 보유한 아바코는 상상을 초월하는 상승세를 기록했다.
- 삼성SDI가 보유한 현)롯데정밀화학도 높은 상승세를 기록했다.

이런 사례에서 알 수 있듯이 주도주 하나가 탄생하면 그들이 보유한 기업들도 대부분 동반급등했다. 다른 이들은 주도주를 잡으면 되는데 왜 투자회사를 사야 하는지 반문할지도 모른다. 하지만 수익률 면에서 대형주가 50% 상승할 때 중소형주는 100% 이상 상승한다는 것을 알아야 한다. 안정적으로 50% 수익을 노릴지, 조금 위험해도 100% 이상 수익을 노릴지는 투자자 성향에 달려 있다.

2) 20일선 상향돌파로 단기 급등 매수 타이밍

* 20일선의 원리

20일선은 20일간의 종가를 산술평균해 선으로 연결한 것이다. 계산식은 매우 간단하다. 학창 시절 성적 평균을 내는 방법과 같다. 모든 보조지표는 계산식을 외우는 것보다 원리를 이해하는 것이 매우 중요하다. 쉽게 풀이하면 이동평균선은 각 투자자들의 평균 매입단가가 된다. 이동평균선이 꺾이기 시작하는 부분은 당시 참여한 투자자들이 손실을 보기 시작한 가격으로 저항선으로 작용한다. 대부분의 투자자들이 손실 상태이던 주가가 본전 부근에 접근하면 매도하려는 욕구가 있기 때문이다.

　20일선이 상승이면 손실을 본 투자자가 적다는 뜻이고 20일선이 하락이면 손실을 본 투자자가 많다는 뜻인데 하락 기울기가 가파를수록 손실액도 크다. 20일선이 하락 기울기라면 매물을 소화해야 하는 만큼 주가가 큰 폭으로 상승할 때까지 상당한 시간이 걸릴 확률이 높다. 20일선이 하락 기울기인 경우, 주가가 상승하면 20일선이 하락 전환되는 구간에서 분할매도해야 하는데 이 구간에서 매수하면 매수하자마자 손실로 출발할 확률이 높다. 20일선의 하락 전환 지점이 단기 매도 구간인 이유는 주식투자의 마법공식 1편에서 자세히 공부할 수 있다.

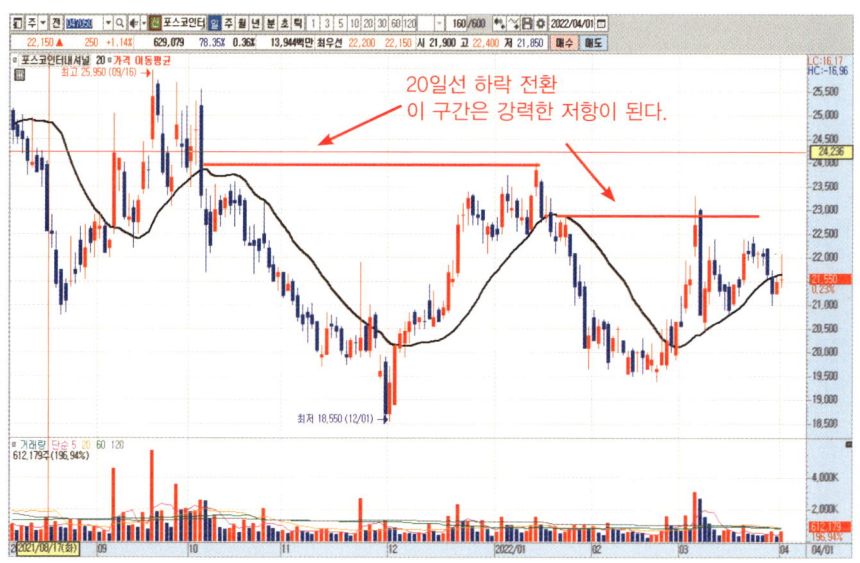

차트 36

20일선 돌파는 보통 중요한 매수 신호로 해석되는데 20일선이 하락 기울기를 보이는 종목보다 상승을 유지할 때 상향돌파하는 것이 단기 상승할 확률이 높다.

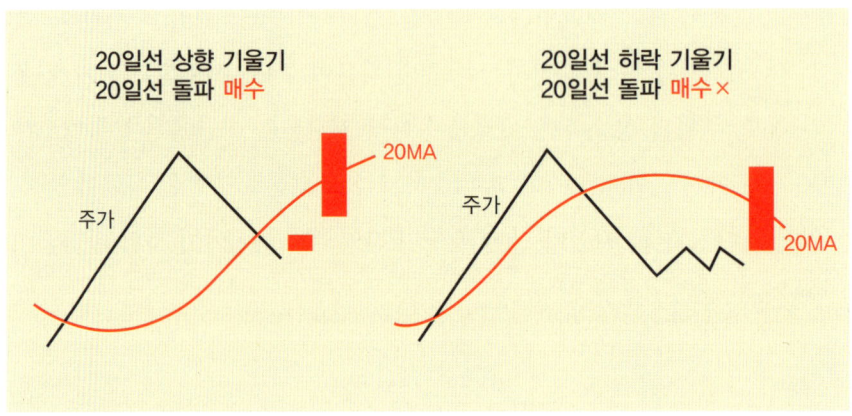

실전에서 매수 시점을 잡는 방법은 많은 예를 통해 알아두어야 한다. 중요한 것은 1차 파동 후 2차 파동이 시작될 때 이 구간에서 매수해야 큰 수익을 올릴 수 있다는 것이다. 즉, 상승 기울기를 보유한 20일선을 처음 이탈해 빠르게 회복되는 종목을 매수해야 수익을 극대화할 수 있다.

3) 손절선 설정법

20일선을 상향돌파한다면 빠른 시간 안에 주가 급등이 나와야 한다. 만약 시장의 영향으로 주가가 다시 하락한다면 20일선을 돌파한 날의 저점을 손절가로 설정하는 것이 바람직하다. 주식투자에서 100% 확실한 매매법은 없다. 실패했을 때 손실이 커지기 전에 빠져나오는 것이 더더욱 중요하다.

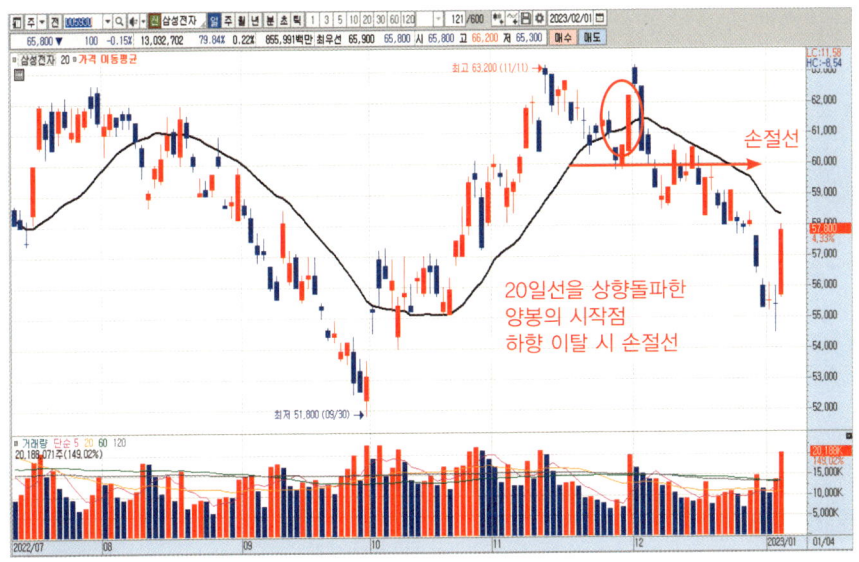

차트 37

동영상 강의 보기 QR코드

(1) 저스템

일봉 차트의 바닥에서 주가가 상승하면서 20일선도 당분간 상승 기울기로 유지되었다. 주가가 20일선을 처음 이탈했고 이후 빠르게 20일선을 회복했다. 20일선은 상승 기울기를 유지하고 있다. 20일선을 돌파하는 시점을 매수 시점으로 잡는다.

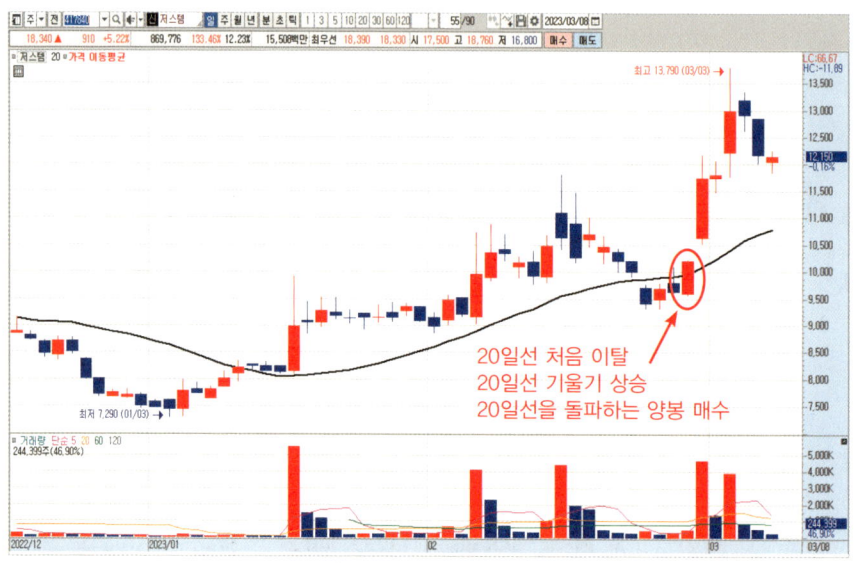

차트 38

(2) KG케미칼

장기간 하락세를 보이다가 상승 추세로 전환했다. 20일선은 상향전환되었고 주가가 일시적으로 20일선을 이탈하는 모습이 발생했다. 20일선은 여전히 상향 기울기이며 처음으로 이탈했다. 20일선을 이탈할 때 거래량이 큰 폭으로 증가하면 상승 가능성이 낮아지니 유의해야 한다. 20일선이 상향 기울기를 유지한 상태에서 주가가 20일선을 상향돌파했는데 첫 양봉은 상승에 실패했고 다음날 20일선을 돌파했으므로 화살표로 표시된 지점이 매수 타이밍이 된다. KG케미칼은 매수 신호를 주고 다음날 상한가를 기록했다.

차트 39

(3) TCC스틸

주가가 일봉 차트의 바닥에서 상승세를 보이고 20일선 기울기는 가파르게 상승하고 있다. 주가가 일시적으로 20일선을 이탈하는데 이때 거래량은 크게 증가하지 않았으므로 매수세는 이탈하지 않은 것으로 판단할 수 있다. 주가가 상승하는 20일선을 다시 상향돌파하는 지점이 매수 타이밍인데 TCC스틸은 이후 주가가 가파르게 상승하는 모습을 보였다.

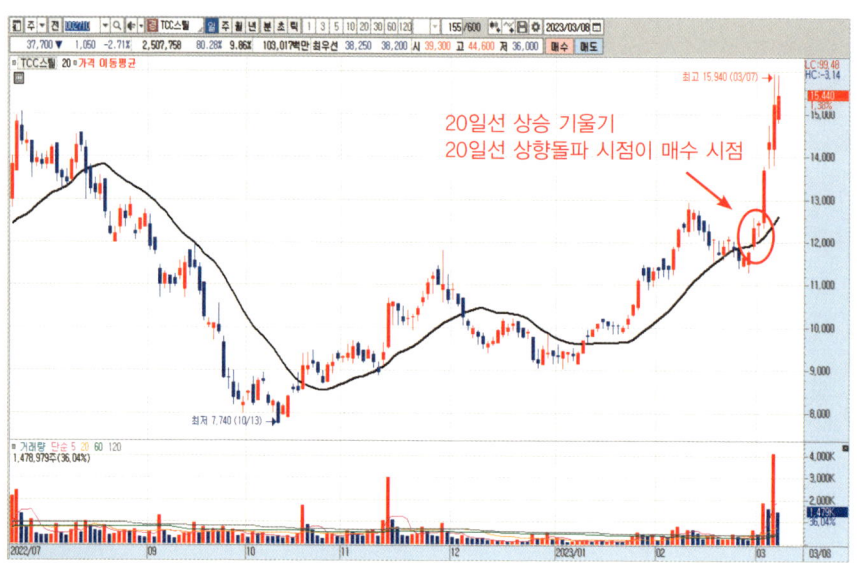

차트 40

(4) 상신이디피

주가가 20일선을 상향돌파해 장기간 20일선 위에서 형성되어 20일선 평균값이 상승하고 20일선 기울기도 상향으로 이어졌다. 주가가 20일선을 하향돌파할 때 거래량 증가도 없었고 20일선을 상향돌파할 때 강한 모습은 아니었다. 20일선 돌파 후 십자형 캔들이 형성되었는데 이것도 매수 신호로 볼 수 있다.

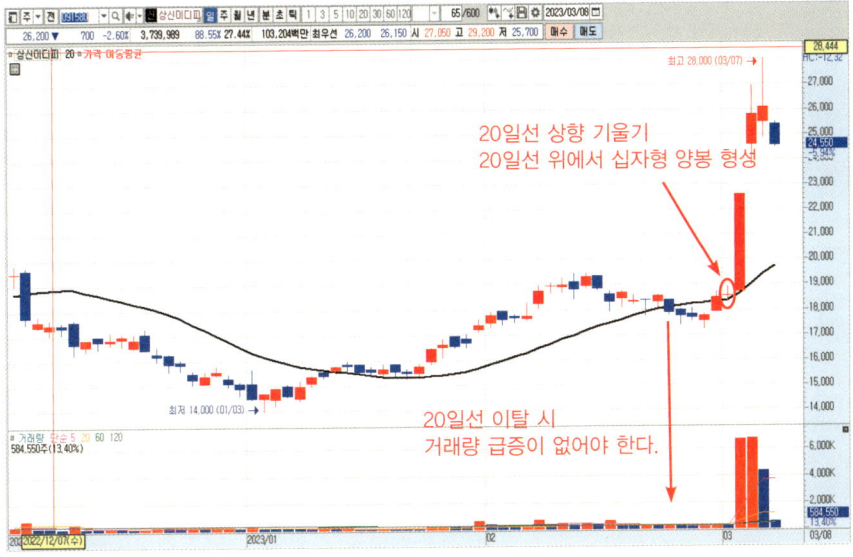

차트 41

(5) 솔트룩스

20일선을 이탈하기 전까지 큰 폭의 주가 상승이 있었다. 20일선의 상승 기울기가 강력한 상승 흐름을 보여주고 있다. 주가가 20일선을 이탈할 때의 모습을 유심히 살펴보면 처음으로 이탈했음을 알 수 있다. 1차 파동의 끝이 바로 이 지점이다. 2차 상승 파동이 나타날 가능성도 배제할 수 없는 상황이다. 20일선이 하락 전환되기 전에 주가가 20일선을 상향돌파했는데 이 지점이 바로 매수 타이밍이 된다.

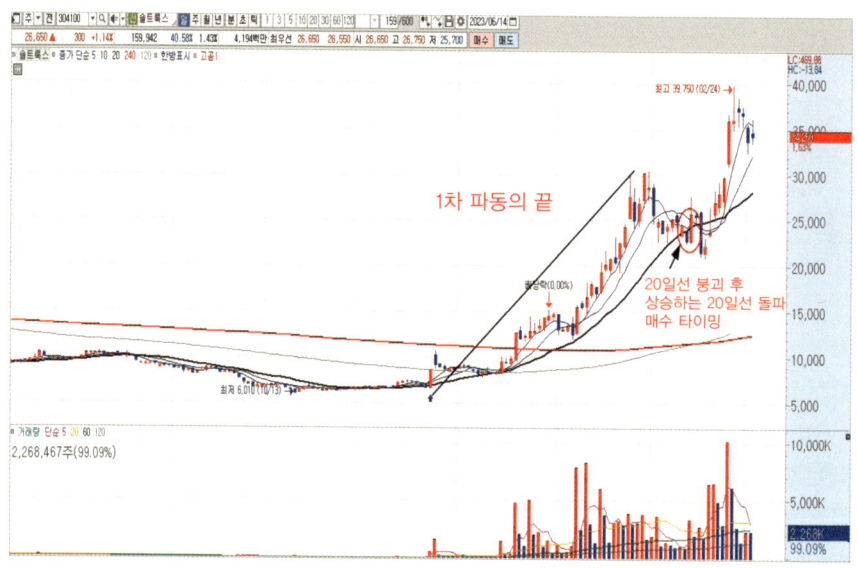

차트 42

행동 계획에는 위험과 대가가 따른다.
하지만 이는 나태하게
아무 행동도 취하지 않는데 따르는
장기간의 위험과 대가에 비하면 훨씬 작다.

– 존 F. 케네디

Chapter 8

주식의 사계절을 이용한 매매

봄, 여름, 가을, 겨울 사계절은 1년 동안 발생하는데 주식시장에서 1년 동안의 이동평균선이 바로 240일선이다. 240일선 기울기를 통해 사계절을 구분할 수 있다.

이 방법은 단기매매에는 효과가 작고 장기 투자에 큰 효과를 보여준다. 주식은 봄, 여름, 가을, 겨울 사계절을 이용해 씨를 뿌리고 키워 수확하는 농사와 같다.

봄에 사 겨울이 시작될 때 매도하는 것이 중장기 투자로 최선의 방법이다. 겨울의 시작을 쉽게 알아내는 방법이 필요해 필자가 고안한 것이다. 봄, 여름, 가을, 겨울 사계절은 1년 동안 발생하는데 주식시장에서 1년 동안의 이동평균선이 바로 240일선이다. 240일선 기울기를 통해 사계절을 구분할 수 있다.

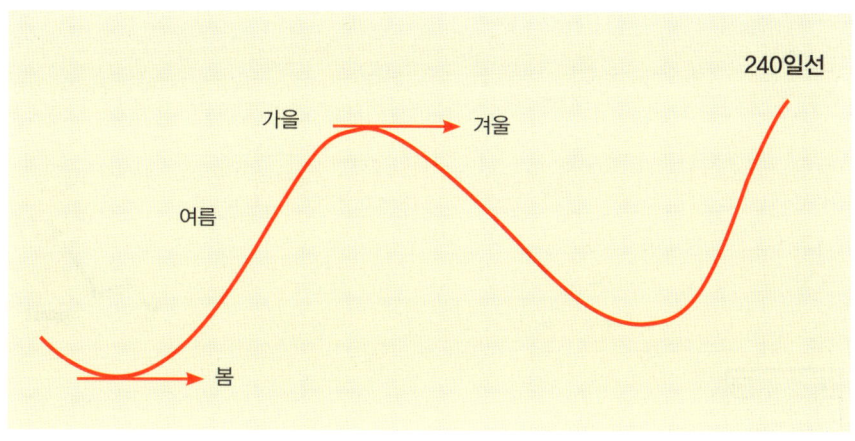

　뜨거웠던 여름이 지나고 가을이 오면 기온변화도 심해질 것이다. 주식에도 가을이 오면 주가 변동성이 커져 급격히 오르내린다. 11월 초면 첫 추위가 오는 경우가 많은데 갑자기 기온이 급강하한다. 이것을 겨울의 시작으로 볼 수 있지만 11월 중순에도 따뜻한 날이 있기 마련이므로 계속 춥지만은 않다. 이것이 겨울이 오기 전 마지막 따뜻함일 수도 있음을 우리 모두 오랜 경험으로 알고 있다. 11월 말에도 덥다고 느낄 정도로 따뜻하다고 겨울이 오지 않는다고 말할 사람은 없다.

8-1 가을에 주식을 매도하는 방법

　주식도 이런 징후를 통해 겨울이 오기 전에 매도해야 한다. 그리고 겨울이 오기 전 마지막 따뜻함에 주식을 절대로 매수하면 안 된다. 겨울이 오기 전 마지막 따뜻함은 바로 240일선이 하락 전환되는 구간이다. 장기간 상승하던 240일 이동평균선이 하락 전환되면 겨울이 온다는 신호로 해석하는 것이 좋다. 주가가 하락하는 240일선을 10%가량 추가 돌파한다면 매도 시점이 된다.

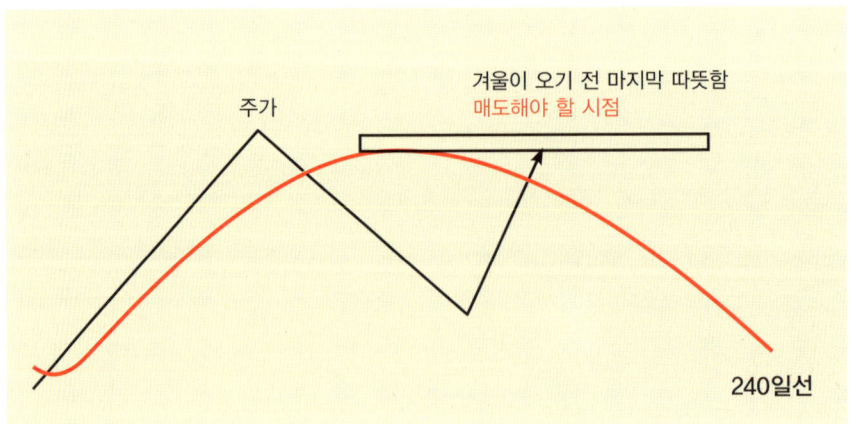

겨울이 오기 전 마지막 온기에 옷을 벗어던지면 강추위를 이겨낼 수 없다. 그림만 봐서는 쉽게 이해되지 않을 것이다. 실제 주가를 통해 매도 시점을 잡는 방법을 알아보는 것이 바람직하다.

(1) 삼성전자

240일선이 장기간 상승하면서 뜨거운 여름을 보냈다. 주가가 급락하면서 240일선 기울기가 평행에서 하락 전환되고 있을 것이다. 주가가 급락 후 반등하면서 여름이 다시 올 것 같은 상승을 기록했다. 하락 전환되는 240일선을 주가가 일시적으로 돌파했고 이후 주가는 급락했다. 이런 구간은 일단 매도 시점이며 절대로 매수하면 안 되는 자리다.

차트 43

○표시된 지점을 확대해보면 240일선을 보지 않는다면 주가는 계속 상승할 것처럼 보일 수도 있다. 수많은 데이터를 관찰한 결과, 저 구간에서 추가 상승할 여력은 상당히 제한적이다.

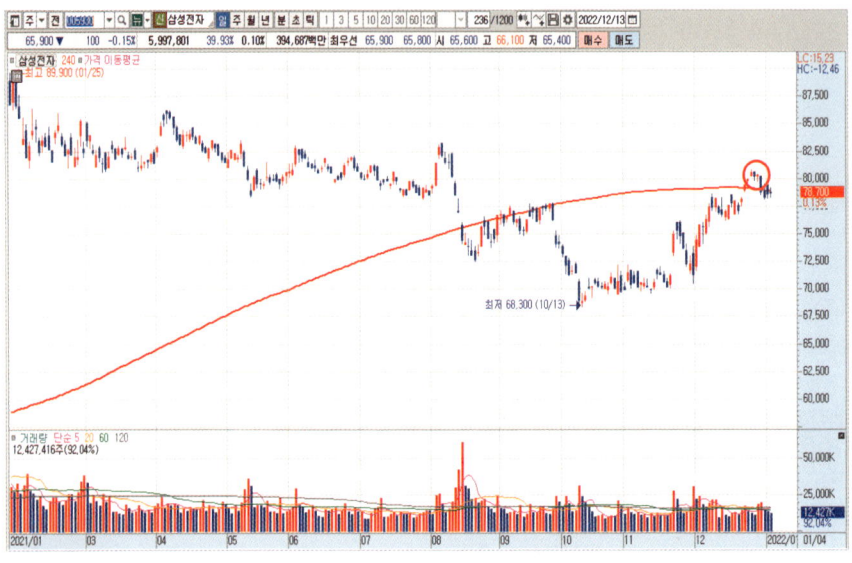

차트 44

(2) 기아

오랜 상승이 마무리되고 급락 전환되었다. 급락하던 주가가 다시 급등하며 상당히 큰 상승이 발생했고 240일선이 하락 전환되는 지점을 일시 돌파한 후 주가는 하락 전환했다. 기아 차트에서는 장기간의 겨울이 시작되었다. 저 구간에서 매도하지 못했거나 매수했다면 큰 손실이 불가피하다.

차트 45

(3) 한미약품

240일선을 강하게 이탈하면서 겨울이 왔음을 알렸다. 이후 주가는 바닥을 다지며 다시 반등을 시도했다. 반등세를 보이던 주가는 하락 전환된 240일선을 일시 돌파하면서 상승 탄력이 둔화되었고 그 지점 돌파를 여러 번 시도했지만 결국 실패하면서 급락했다. 만약 매도해야 할 구간에서 매수했다면 단기적으로 40%의 손실이 발생한다.

차트 46

소형주는 주가 탄력성이 크므로 하락하는 240일선을 10% 이상 돌파하는 경우도 많다. 돌파하는 폭이 클수록 향후 하락폭도 더 클 위험이 있다. 대형주보다 더 큰 손실이 발생할 수도 있다.

(4) 박셀바이오

열 배 이상 급등했지만 뜨거웠던 여름이 지나자 혹독한 겨울이 찾아온 종목이다. 급락하던 주가가 임상 성공에 대한 기대감으로 바닥 대비 200% 가까이 급등했다. 주가는 상승하면 더 상승할 것처럼 보이므로 이 구간에서는 누구나 쉽게 매도하기 어려울 것이다. '박수칠 때 떠나라'라는 주식투자의 격언을 실천으로 옮기기는 너무나 어렵다. 그래서 이런 데이터를 통해 미래를 예측하고 행동에 옮길 수 있어야 한다.

① 박셀바이오 주가 급등구간

240일선에서 하락 전환된 것이 보이고 박셀바이오 주가는 그 지점을 일시 돌파하는 흐름이다. 일단 매도를 고려하고 기회를 다시 엿보는 전략이 유효해 보인다.

차트 47

② 박셀바이오 주가는 어떻게 되었을까?

모든 종목에 이 원칙이 무조건 통하는 것은 아니지만 장기적인 데이터를 관찰한 결과, 80% 이상 저 구간에서 주가가 하락했다. 10만 원이던 주가가 두세 달 만에 3만 원이 되었다. 실제로 박셀바이오처럼 저런 급락은 자주 나오지 않지만 큰 손실이 발생하는 경우가 많다.

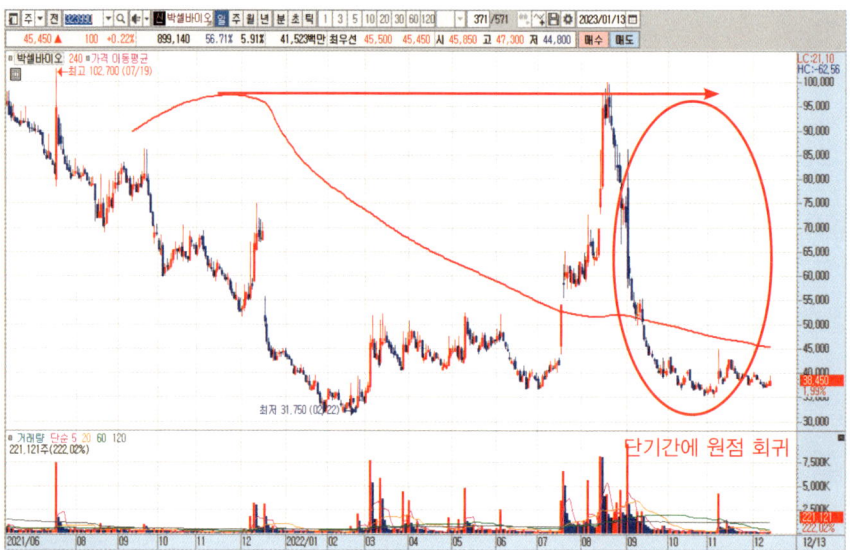

차트 48

(5) 대한해운

코로나로 인해 컨테이너 운임지수가 급등하며 뜨거운 여름을 보냈던 종목이다. 어느덧 주가 하락이 시작되었고 역시 마지막 반등 파동이 발생했다. 겨울이 오기 전 마지막 따뜻함이 여기서도 발생했다. 하락하는 240일선을 더 큰 폭으로 돌파할수록 이후 하락폭은 더 크다고 볼 수 있다. 더 빠르고 강력한 하락이 나타났다. 당시 대한해운 실적이 최고치여서 많은 투자자들이 과거 실적만 보고 오판하기 쉬웠던 구간이다.

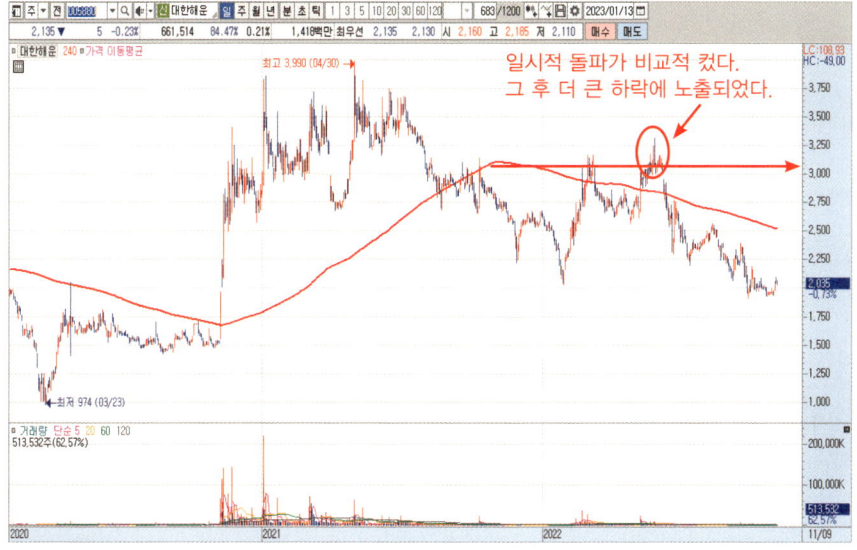

차트 49

대한해운 실적표를 보면 저평가로 오판하기 쉽다. 영업이익이 여전히 급증하고 좋은 모습을 보여주고 있다.

(단위 : 억 원)

IFRS(연결)	2019/12	2020/12	2021/12	2022/12	전년동기	전년동기
매출액	10,057	8,841	11,538	12,193	8,036	51.7
매출원가	8,259	6,804	8,871	9,463	6,158	53.7
매출총이익	1,797	2,037	2,668	2,730	1,879	45.3
판매비와 관리비	509	577	628	516	462	11.8
영업이익	1,288	1,459	2,039	2,213	1,417	56.2
영업이익(발표기준)	1,288	1,459	2,039	2,213	1,417	56.2
금융수익	71	71	161	57	65	−12.4
금융원가	1,007	1,073	1,158	1,035	778	33.0
기타수익	522	774	2,323	984	1,661	−40.7

(6) 미코바이오메드

코로나 특수로 진단키트 시장이 성장하면서 뜨거운 여름을 보냈던 종목이다. 하지만 영원히 상승하는 종목은 없다. 결국 주가는 하락했고 다시 한 번 강한 반등 파동이 발생했다. 이때 많은 투자자들이 달려들어 하락하는 240일선을 20% 이상 돌파했다. 일시적으로 매도 지점을 돌파하는 폭이 클수록 더 크고 강한 하락이 나온다고 필자가 말했다. 미코바이오메드 주가는 최고점 2만 원에서 4천 원까지 하락했다.

차트 50

※ 주의할 점

강력한 세력주는 이 모든 것을 무시하고 급등하는 경우도 가끔 있다. 하락하는 240일선을 첫 번째나 두 번째 돌파할 때만 적용해야 한다. 세 번 이상 고점 돌파를 시도하며 돌파하는 경우, 다시 상승이 시작될 수도 있기 때문이다. 여기서 '3의 법칙'을 반드시 알아두기 바란다.

※ 3의 법칙

강력한 저항선을 한 번에 돌파하기는 쉽지 않지만 아무리 강력한 저항선도 언젠가는 뚫리기 마련이다. 이때 필자는 중요한 저항선을 세 번 이상 돌파하면 상승 시점을 확인한 후 매수하는 '3의 법칙'을 이용한다. 첫 번째 돌파와 두 번째 돌파할 때는 매도하는 것이 바람직하지만 세 번째 이후 돌파할 때는 오히려 매수 기회로 잡을 수도 있기 때문이다.

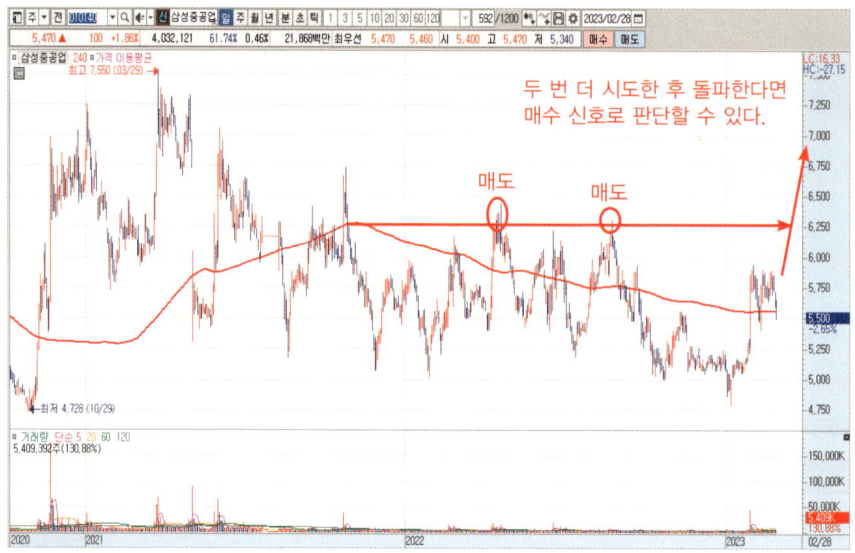

차트 51

(7) KTIS

하락 전환된 240일선을 처음 돌파한 시점에서는 매도 전략이 맞다. 그리고 주가가 다시 하락했고 또 다시 두세 번의 돌파 시도가 단기간에 발생했는데 이때 고점을 돌파하면서 주가는 오히려 급등했다. 이 공식은 하락하는 240일선을 첫 번째와 두 번째 돌파할 때만 매도 시점으로 잡는다는 점에 주의하기 바란다.

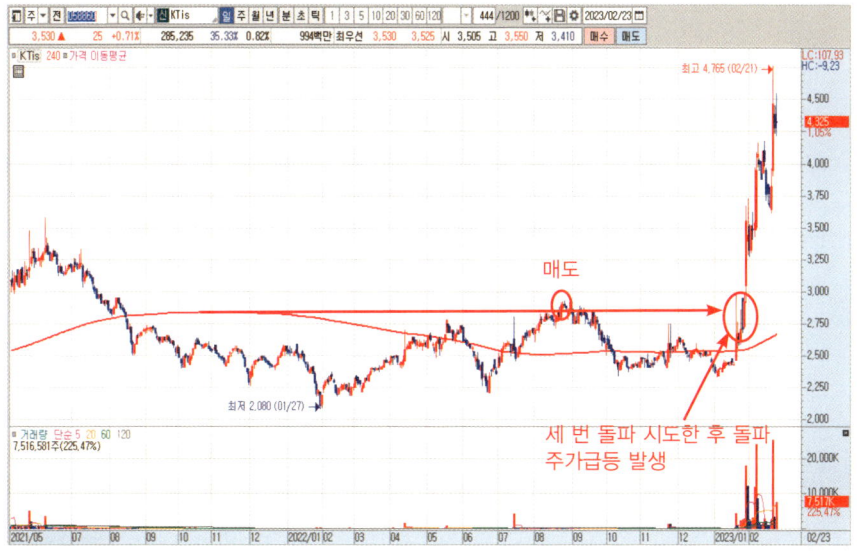

차트 52

8-2
스프링 매매 기법

스프링은 네 가지 뜻이 있다.

(1) 봄

(2) 용수철, 스프링

(3) 휙 움직이다, (갑자기) 뛰어오르다(=leap)

(4) 튀다

봄이라는 뜻도 있지만 갑자기 튀어오른다는 뜻도 있다. 용수철은 압력이 강할수록 튀어오르는 힘이 강하듯 주가도 힘들었던 기간이 길수록 상승할 때 강하게 움직이는 경우가 많다. 그래서 이 매매 기법을 스프링 매매 기법이라고 부른다.

1. 주식의 봄을 매수하는 가장 확실한 방법

주식투자 방법에는 여러 가지가 있다. 스캘핑, 스윙매매, 중장기 투자 방법인데 투자자의 성향이나 상황에 따라 주식매매 방법이 완전히 달라져야 한다. 전업투자자가 장기투자 방법을 쓰면 기회비용을 날리고 시세를 자주 볼 수 없고 변동성에 제때 대처할 수 없는 투자자들이 급등주를 추격 매수하면 매도 타이밍을 잡기 어렵다. 봄에 씨앗을 뿌려 가을에 수확하는 투자 방법은 단기투자가 아니라 장기투자에 적합한 매매 기법이다. 워런 버핏처럼 투자하고 싶은 분들께 가장 좋은 매매 기법이 될 수 있다.

봄이 왔을 때 씨앗을 뿌리는 것이 좋다고 누구나 생각하겠지만 봄이 온 것을 알기는 쉽지 않다. 겨울이 오기 전 마지막 따뜻함이 있듯이 봄이 오기 전에도 '꽃샘추위'가 있다. 겨울이 끝나고 3월 초부터 따뜻해지기 시작하지만 3월 말, 4월 초에도 눈이 내릴 때가 있듯이 갑자기 기온이 떨어지며 꽃샘추위가 한 번은 반드시 찾아온다. 우리는 오랜 경험을 통해 꽃샘추위가 물러가면 진짜 봄이 온다는 것을 알고 있다. 주식투자에서도 240일선과 주가를 통해 꽃샘추위 때 매수하는 방법이 있는데 실전에서도 중장기 투자에 매우 유용한 방법을 소개하겠다.

240일선이 하향 기울기를 보이면 지속적인 겨울을 의미한다. 그런데 갑자기 주가가 바닥에서 급등하면서 1차 급등 파동이 발생해 주가가 당분간 240일선 위에서 형성되면 240일선의 하락 기울기는 서서히 상승 기울기로 전환된다. 240일선은 240일 동안의 주가평균으로 주가가 240일선 위에서 장기간 형성되면 240일선의 평균가격이 서서히 오른다. 주가가 바닥에서 급등하면 끝없이 오를 수는 없다. 반드시 조정을 받는데 이것이 바로 꽃샘추위다. 상승하던 주가가 하락하면서 상승 전환되는 240일선을 이탈하면 저가 매수 시점이 된다. 꽃샘추위가 언제 끝날지 모르니 한 번에 매수하는 것이 아니라 그 지점부터 5% 하락할 때마다 추가 매수하는 것이 바람직하다. 다음 그림을 참고하자.

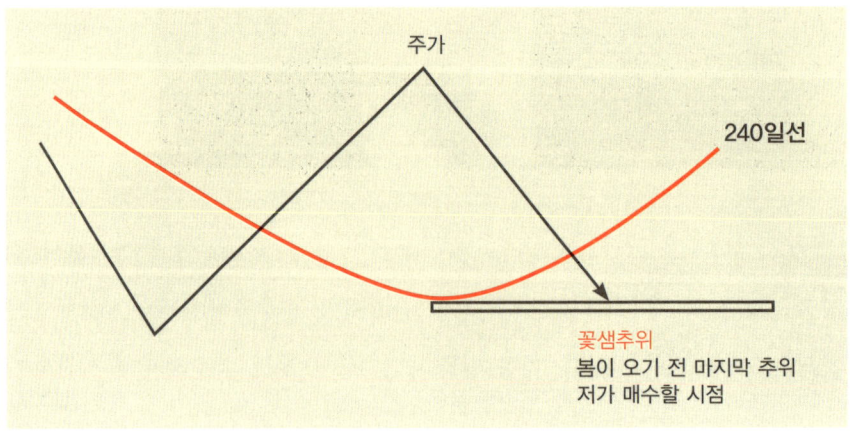

※ 주의할 점

주가가 하락할 때마다 저가 매수하는 것은 우량종목을 저렴한 가격에 사기 위해서다. 펀더멘탈이 부실한 기업이 이 위치에 있다고 함부로 매수하면 안 된다. 우량종목은 언젠가는 오르지만 부실기업은 역사 속으로 사라질 수 있기 때문이다. 반드시 기업 영업이익과 부채비율, 이익잉여금 등을 체크해야 한다. 실제로 어떻게 매수해야 좋은지 수많은 예를 통해 알아두는 것이 좋다.

(1) 대한유화

원유가격 상승으로 매출단가가 인상되면서 과거 낮은 가격에 저장해 둔 원료의 재고 자산가치가 오르면서 큰 폭의 성장을 보였다. 이후 유가가 하락하면서 기나긴 겨울로 접어들었다. 하락하던 주가가 어디서 반등하기

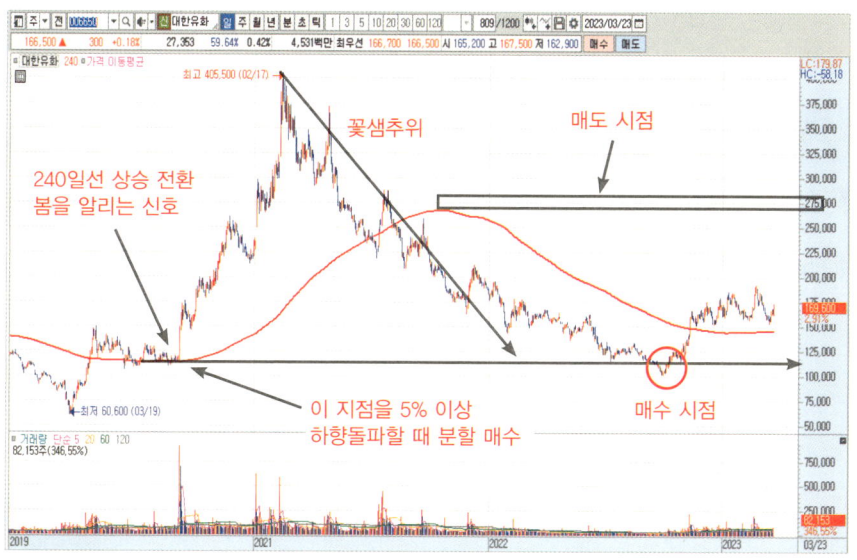

차트 53

시작했는지 살펴보자. 240일선이 하락에서 상승 전환되기 시작한 지점을 살짝 이탈하는 모습을 보였다. 240일선이 상승 전환된 지점을 5% 이상 하향돌파하는 시점부터 분할매수 시점이 된다. 대한유화는 펀더멘탈이 튼튼한 기업이므로 저가 매수를 충분히 고려해볼 만하다. 만약 저가에 매수했다면 매도 시점은 240일선이 하락 전환되는 시점을 상향돌파하는 시점이 된다.

(2) 컴투스

국내 게임업체 톱 5에 속한다. 게임업체 업황은 어둡지만 펀더멘탈은 상당히 튼튼한 기업이다. 게임업체들의 신작 실패가 잇따르는 가운데 P2E 게임 바람이 불면서 주가는 급격한 상승세를 기록했다. 컴투스 주가는 240일선이 하락 전환된 시점을 상향돌파한 시점이 매도 시점이 된다. 그리고 다

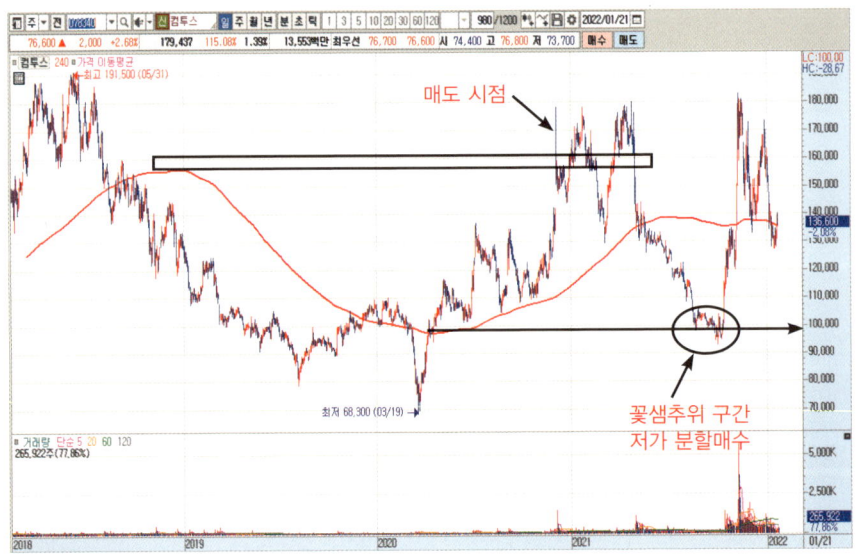

차트 54

시 봄이 찾아왔고 꽃샘추위도 빨리 찾아왔다. 하락하던 주가가 어디서 멈추었는지 확인하고 매수 시점을 찾아보기 바란다. 240일선이 상향 기울기로 전환된 지점을 먼저 찾고 그 지점을 수평으로 연결해야 한다. 그 지점을 5% 이상 하향돌파하는 시점이 분할매수 시점이 된다. 컴투스를 그 구간에서 저가 매수했다면 수익률은 최대 80%가 된다(매수 구간은 10만 원, 최고점은 18만 원).

(3) 뉴프렉스

FPCB 전문기업으로 업계 5위에 올라 있다. 펀더멘탈이 매우 튼튼하진 않지만 그렇다고 적자를 지속하거나 실적이 나쁜 기업은 아니다. VR 기기에 FPCB를 공급해 메타버스 수혜주로 분류된다.

차트 55

뉴프렉스 주가는 정말 끝없는 하락을 기록하고 있었고 어느 순간 240일선을 상향돌파해 상당 기간 240일선 위에서 주가가 형성되었다. 그러면서 240일선 하향 기울기가 하락에서 상승으로 서서히 전환되기 시작했다. 상승 후 잘 버티던 주가가 갑자기 급락으로 전환되며 꽃샘추위가 오기 시작했다. 중장기 투자자라면 바로 이 시점을 노려야 한다. 240일선이 상승 전환된 지점을 주가가 이탈할 때까지 최대한 기다리는 전략이 유효해 보인다. 어느 순간 주가가 상승 전환된 240일선까지 내려왔고 얼마 후 5% 이상 이탈하는 모습을 보였다. 바로 이 시점부터 저가 분할매수에 나서면 된다. 뉴프렉스 주가는 꽃샘추위 후 최대 400%나 상승했다.

⑷ 현대두산인프라코어

굴삭기가 주력인 중장비 제조업체로 실적과 펀더멘털이 양호한 기업이다. 국내외 인프라 투자 확대 시 수혜주로 주가가 투자 여부에 따라 등락을 반복하는 종목이다. 주가가 등락을 반복할 때 추격매수하면 손실이 되고 저가 매수를 잘하면 수익을 낼 수 있다는 뜻이다.

현대두산인프라코어 주가는 장기간 하락세를 보이다가 240일선을 상향돌파하는 흐름이 발생했고 이후 240일선 기울기는 가파르게 상승 전환되었다. 하지만 급등하던 주가는 어느새 하락 전환했고 기나긴 겨울이 찾아왔다. 240일선이 하락에서 상향 기울기로 전환되는 지점을 수평으로 연결해 주가가 그 지점을 5% 이상 하향돌파할 때 저가 분할매수한다. 5천 원 이하에서 형성되던 주가는 9천 원 부근까지 상승해 50% 이상 수익률이 가능하다. 240일선이 하락 전환되는 시점에서 추격매수는 금물이다.

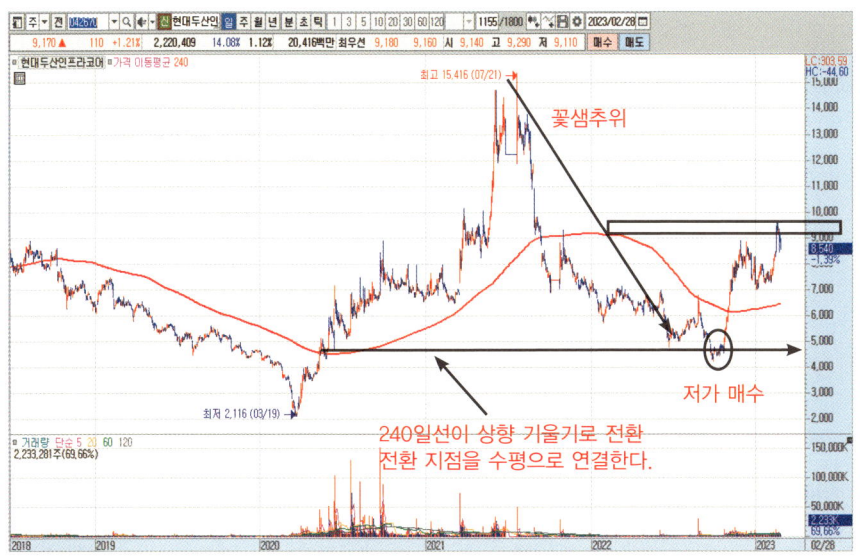

차트 56

2. 여름의 시작에서 매수!

대세 상승 초기에 매수하는 가장 확실한 방법

바닥에서 매수하는 방법은 비교적 안전하지만 기다리기에 지루하다는 단점 때문에 장기투자자나 가치투자자에게 적합하다. 주가는 좀 더 높지만 더 빨리 수익을 낼 방법을 고민하는 투자자분들께 좋은 매매법으로 판단된다.

240일선 돌파 후 지지를 노리기 바란다. 필자는 이것을 '돌지'라고 부른다. 바닥에서 상당 기간 상승하면 240일선을 상향돌파하는데 돌파 후 주가가 다시 하락 전환되는 경우가 꽤 많다. 240일선 돌파 후 상승 패턴을 알아두면 대세 상승 초기에 매수에 가담할 수 있다.

1) 240일선 '돌지' 최적의 조건

원리는 『주식투자의 마법 공식 1편』의 포복 기법과 같다.

2) 240일선 돌파 후 지지를 매수하는 조건

(1) 240일선은 평행이나 상승 기울기가 좋다.
(2) 240일선을 돌파할 때 거래량은 많을수록 좋다.
(3) 파동상 1차 파동 후 2차 파동 시작 지점에서 나오는 것이 좋다.
(4) 이동평균선 여러 개를 돌파할수록 좋다.
(5) 240일선의 지지를 받는 양봉이 출현해야 한다.

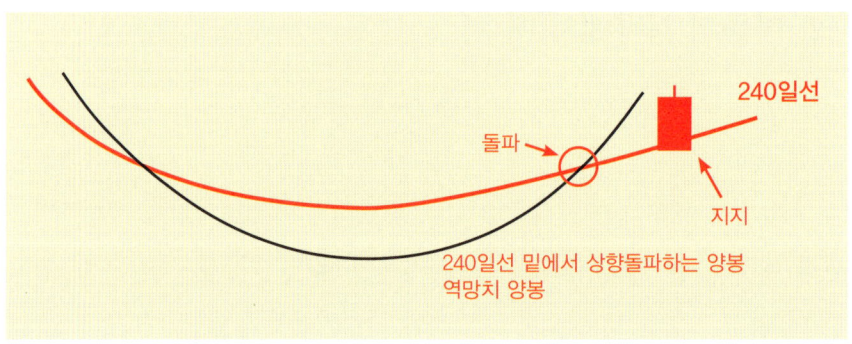

이 방법은 대세 상승 초기, 즉 여름에 매수하는 방법이다. 식물이 가장 잘 자라는 시기이듯 주가도 비교적 빨리 상승하는 패턴이다.

(1) 클래시스

'슈링크'로 유명한 미용기기 전문 제조업체로 실적도 양호하다. 좋은 기업을 적기에 매수하는 것이 성공하는 주식투자다. 240일선 기울기는 평행에 가깝다. 240일선 돌파 후 240일선을 살짝 이탈했지만 다음날 바로 240일선 밑에서 상향돌파하는 양봉이 출현했다. 매수 급소가 출현한 지 약 2주 후 주가는 상승하기 시작했다.

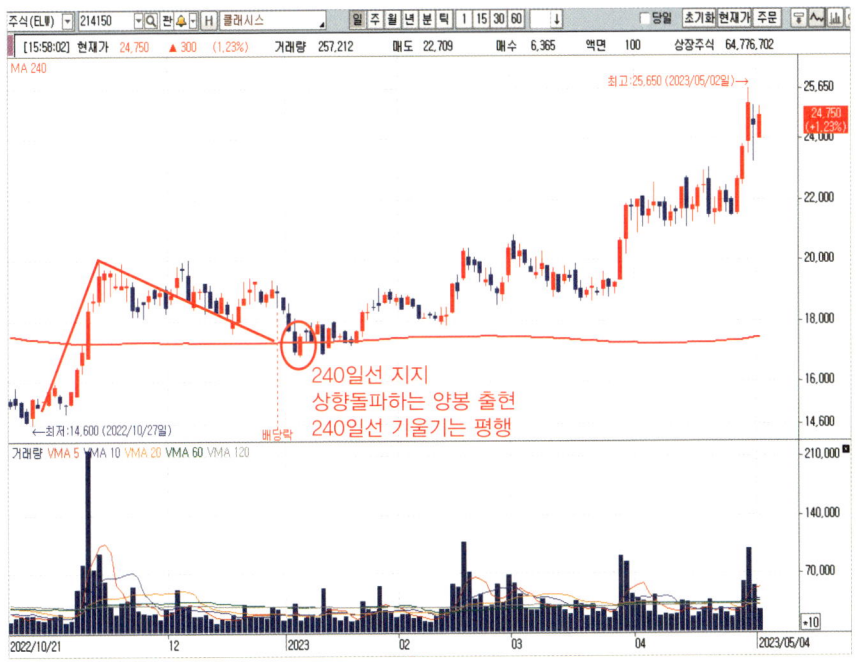

차트 57

(2) 나무가

3D 센싱 전문업체로 로봇, 자율주행에 필요한 기술을 보유한, 실적도 양호한 기업이다. 급등한 종목을 매수하면 수익을 빨리 낼 수 있겠지만 실패하면 손실이 클 수밖에 없다. 이렇게 내용이 좋은 기업이라면 상승 초기에 매수해야 수익을 극대화할 수 있다.

① 나무가의 240일선 기울기가 상승 전환했다(조건 충족).
② 240일선의 지지를 받았고 역망치 양봉으로 마감했다(조건 충족).
③ 1차 파동 후 2차 파동이 시작되었다(조건 충족).

조건을 많이 충족할수록 성공 확률이 높아지는데 나무가는 두 번의 매수 신호를 주고 큰 폭으로 상승했다.

차트 58

(3) 엠케이전자

반도체 본딩 와이어 세계 1위 업체로 한국토지신탁 경영권을 보유하고 있으며 삼성SDI와 함께 2차전지 실리콘 음극재를 개발하고 있다. 바닥에서 처음 240일선을 돌파한 후 다시 240일선을 이탈했지만 하루만에 상향돌파하는 양봉이 출현하며 두 번의 매수 급소를 주었다.

① 240일선이 평행으로 전환되는 국면이다(조건 충족).
② 240일선 밑에서 위로 상향돌파했다(조건 충족).
③ 1차 파동 후 2차 파동이 시작되었다(조건 충족).

매수 급소가 출현한 지 2~3주 후 주가는 급등했다.

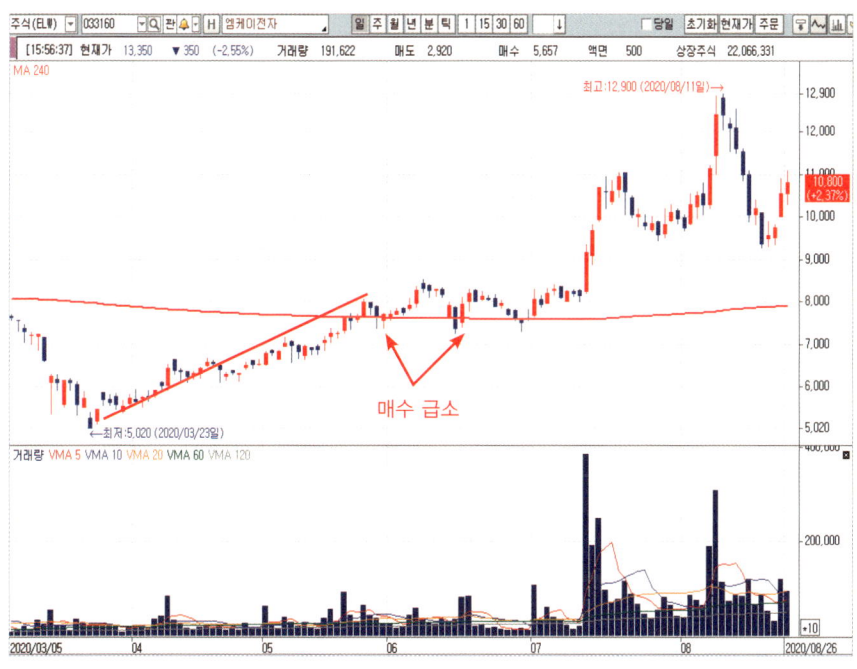

차트 59

※ 주의할 점

240일선 돌파 후 지지가 핵심이지만 240일선 기울기의 하락이 심하면 신뢰도가 떨어진다. 240일선이 하락 기울기라면 하락이 아직 끝나지 않았을 가능성이 크기 때문이다. 하락 기울기가 완만해지거나 평행 또는 상승으로 전환될 때 성공 확률이 높다는 것이 핵심이다. 하락 기울기를 판단할 때 차트를 너무 확대하지 말고 1년가량 기간을 설정한 후 관찰해야 한다.

차트 60

3. 손절선 설정법

손절선을 설정하는 방법은 대부분 동일하다. 매수 급소가 발생했던 날의 저점을 종가 기준으로 이탈하면 다음날 매도하는 것이 바람직하다.

차트 61

Chapter **9**

한동훈의 단기매매 필살기

상승 음봉은 시초가 대비 가격은 하락했지만 전일 종가 대비 주가가 상승하며 마감한 것으로 매집세력의 주가 분출 때 출현하는 경우가 많다. 오전장 급등 출발로 인해 매도세가 출현했지만 하락 전환되지 않은 것은 매수세가 아직 남아 있다는 뜻으로 추세 지속형 신호로 해석된다.

9-1 상승 음봉으로 단기매매하는 방법

상승 음봉은 단기매매에서 중요한 신호로 해석된다.

1. 상승 음봉

시초가 대비 가격은 하락했지만 전일 종가 대비 주가가 상승하며 마감한 것으로 매집세력의 주가 분출 때 출현하는 경우가 많다. 오전장 급등 출발로 인해 매도세가 출현했지만 하락 전환되지 않은 것은 매수세가 아직 남아 있다는 뜻으로 추세 지속형 신호로 해석된다.

1) 상승 음봉의 기본 패턴

양봉 후 갭상승이 수반되며 음봉으로 마감하는 패턴이다. 이때 아래꼬리와 위꼬리의 길이나 거래량은 큰 상관이 없다. 중요한 것은 상승 음봉 다음날 시초가다. 상승 음봉 후 다음날 시초가가 하락 출발한다면 매수 신호로 해석하지 않는다. 전날 매도하지 못한 매도세가 다시 출현한 것이기 때문이다. 상승 음봉 후 2~3% 내외의 상승·보합 출발을 매수 시점으로 보기 가장 좋다.

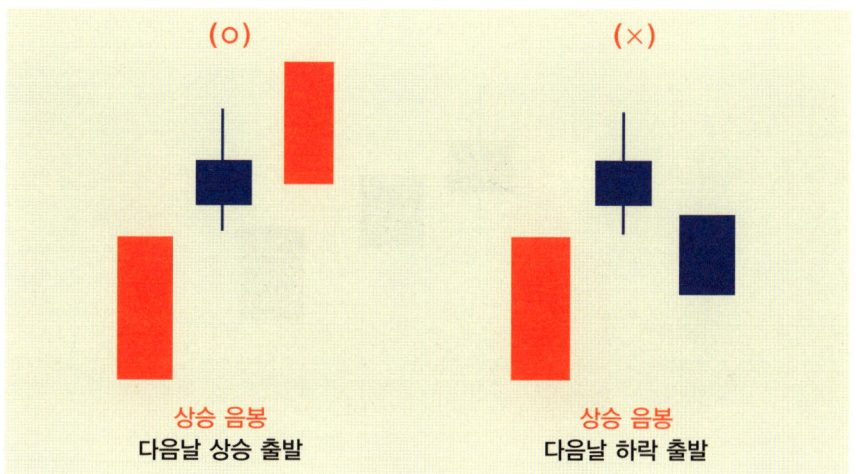

2) 손절선 설정법

이런 방법으로 매수한 경우, 손절선은 갭을 메우고 3% 이상 추가 하락한 시점으로 잡는다.

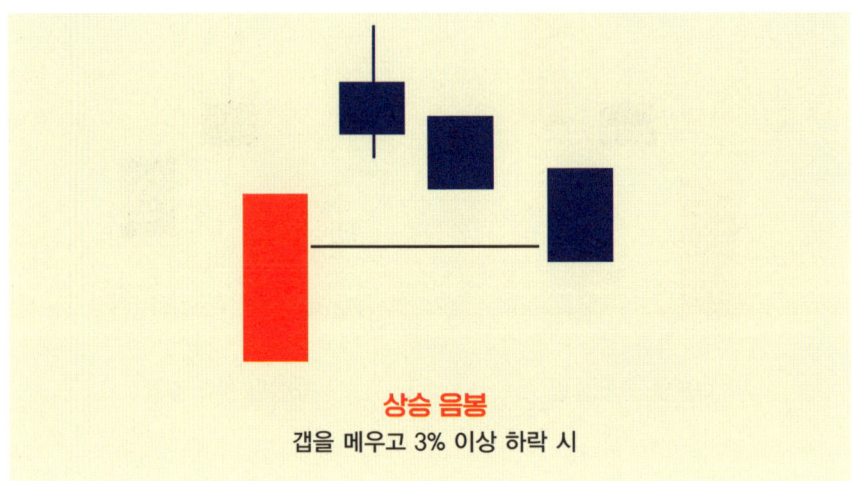

상승 음봉
갭을 메우고 3% 이상 하락 시

실전매매 활용 방법

(1) 에코프로비엠

주가는 지속적인 강세를 보였고 상승 음봉이 출현했다. 상승 음봉 다음 날 주가는 보합권에서 출발해 양봉으로 마감했고 추가 상승이 발생했다. 이 때 상승 음봉은 추세 지속형의 의미가 있다. 만약 갭을 메우고 3% 이상 추가 하락했다면 매수했더라도 빨리 손절하고 나오는 것이 좋다.

차트 62

(2) 아이센스

갭상승 출발 후 종가가 시가 대비 하락하는 모습으로 마감했지만 종가는 전일 종가보다 높은 상승으로 마감했는데 이것이 바로 '상승 음봉'이다. 상승 음봉 다음날 주가는 2~3% 내외의 상승으로 시작해 추가 급등이 발생했다.

차트 63

(3) TCC스틸

바닥에서 꾸준한 주가 상승이 발생했다. 그리고 작지만 갭을 수반하며 상승 음봉을 만들었고 다음날 주가도 상승 출발해 매수 가능 구간으로 판단할 수 있다. 매수 신호 당일 주가는 하락하며 또 다시 음봉으로 마감했지만 갭을 메우고 3% 이상 추가 하락이 발생하지 않았다면 보유 전략으로 대응해야 한다.

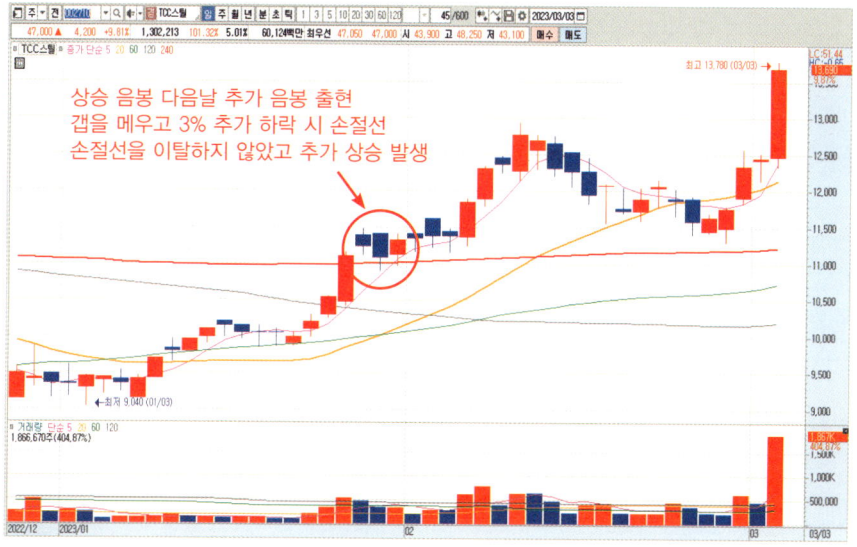

차트 64

(4) SM C&C

바닥에서 비교적 강한 양봉이 출현했지만 위꼬리를 형성했다. 그리고 다음날 주가는 음봉이지만 종가가 전일보다 상승한 상승 음봉으로 마감했다. 이런 경우도 상승 음봉으로 보아야 하며 더 좋은 매매 신호가 된다. 상승 음봉 다음날 주가는 상승 출발했지만 음봉으로 마감했다. 그래도 주가가 갭을 메우고 3% 이상 추가 하락하지 않았다면 매도하지 말고 보유해야 한다.

차트 65

(5) 코세스

시초가가 큰 폭의 상승으로 출발했고 시초가 대비 주가가 크게 하락하며 마감했지만 종가가 전일 대비 상승한 전형적인 상승 음봉이 출현했다. 상승 음봉 다음날 소폭의 상승 출발 후 또 다시 음봉이 출현했고 사흘 연속 음봉이 출현했다. 코세스 주가는 음봉이 연속 출현했지만 갭을 메우지도 않았고 그 위에서 주가가 형성되었으므로 매도할 필요가 없다.

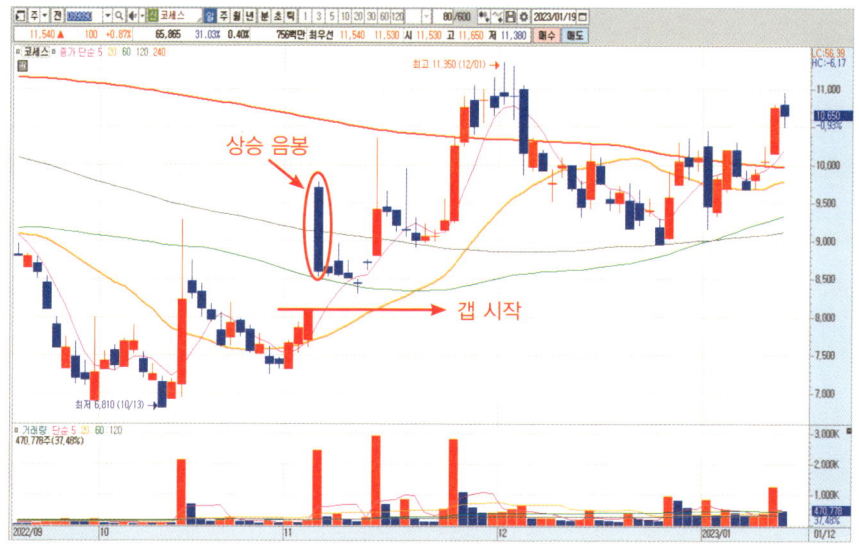

차트 66

9-2 매수하면 안 되는 상승 음봉

상승 음봉으로 마감했지만 다음날 주가가 하락 출발하는 경우다. 이런 경우, 매수 시점을 늦추는 것이 바람직하다.

(1) 이엠텍

바닥에서 꾸준히 주가 상승이 발생했고 작은 상승 음봉이 출현했다. 다음날 주가는 하락 출발했고 이후 주가는 지속적인 하락세를 보였다. 상승 음봉 다음날 하락 출발한다면 전일 매도하지 못한 매도세가 다시 출현한 것으로 판단해야 한다.

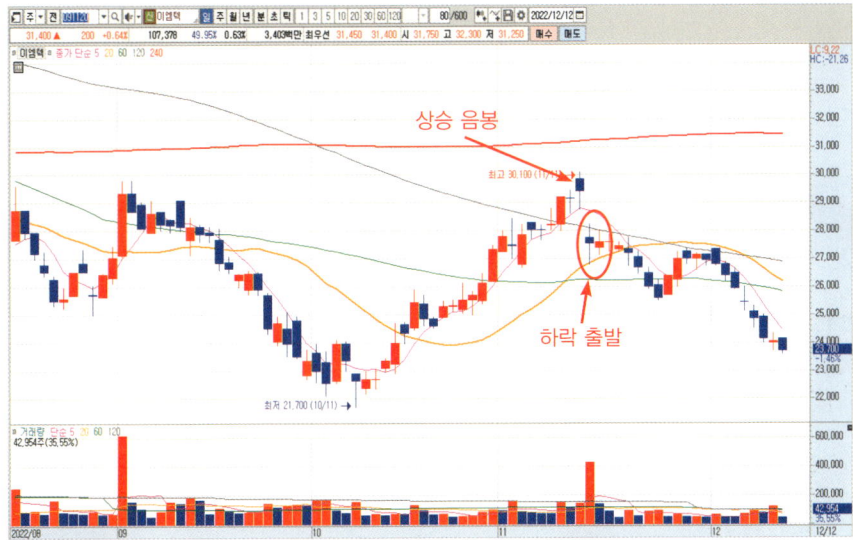

차트 67

Chapter

세력을 이용한 매매

매수세력은 일반 대중이 아는 매수 방법으로 고점에서 매도하려고 하고 매도하는 방법을 이용해 투매를 유도해 저가에서 매수하려고 한다. 독자 여러분은 이런 매수세력을 역이용하는 매매 방법을 반드시 알아두어야 한다.

주식시장에서 매수세력의 목표는 단 하나다. 개인투자자의 돈을 빼앗아 오는 것이다. 그들은 개인투자자들을 유혹하기 위해 수단과 방법을 가리지 않는다. 더 높은 가격에서 매도하기 위해 유혹하고 더 싼 가격에서 매수하기 위해 흔들기를 시도한다. 매수세력은 일반 대중이 아는 매수 방법으로 고점에서 매도하려고 하고 매도하는 방법을 이용해 투매를 유도해 저가에서 매수하려고 한다. 독자 여러분은 이런 매수세력을 역이용하는 매매 방법을 반드시 알아두어야 한다.

주식시장에서 주가는 수많은 세력에 의해 좌지우지된다. 세력은 외국인, 기관과 같은 메이저급도 있지만 개인 큰손이나 조막손으로 표현되는 세력도 있다. 매수세력은 개인투자자들의 물량이 최대한 많이 쏟아지도록 유도해 최저 가격에서 매수하고 고점에서 개인을 최대한 유인해 물량을 처분하려고 한다.

매수세력들은 물량을 어떤 방법으로 매집할까? 매수세력은 일반 투자자들이 중요한 지지선으로 여기는 가격을 이탈시켜 공포심을 유발해 물량을 손쉽게 매집할 수 있다. 일반 투자자들이 생각하는 지지선은 20일선과 같은 이동평균선도 있지만 추세선이나 전저점이 되기도 한다. 이런 매수세력의 흔들기를 역이용해 급등주를 포착하는 방법을 알아두면 최저점 매수로 수익을 낼 수도 있다.

10-1
전저점 이탈 후 급등 패턴

    일반 투자자들은 전저점을 중요한 손절가 기준점으로 설정하는 경우가 많은데 매수세력은 이 전저점을 이탈시키면서 투매를 유발한다. 어떤 종목의 주가가 1만 원에서 다중바닥을 형성하며 안정적인 방어선을 구축하고 있었는데 어느날 갑자기 매도세가 출현해 1만 원이라는 지지선을 붕괴시키며 하락한다고 가정해보자. 계단식 하락이 우려되는 상황에서 이런 하락을 버틸 수 있는 개인투자자는 많지 않을 것이다. 급락이 나오거나 급등으로 전환되기도 하는데 유형별 움직임은 다음과 같다.

1. 전저점 이탈 후 하락 패턴

전저점을 이탈할 때 거래량이 전일 대비 세 배 이상 급증하면서 하락한다면 반등 후 재하락할 위험이 높다.

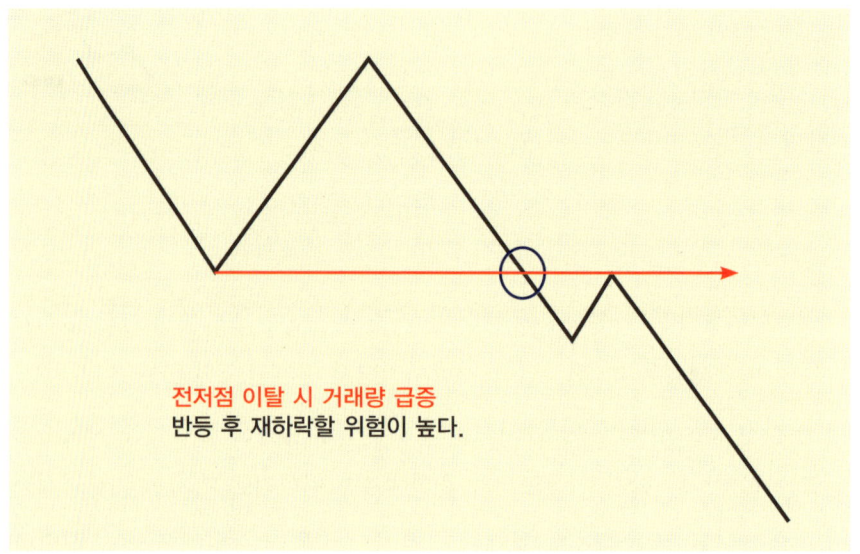

(1) 영인프런티어

8천 원대에서 6개월 이상 지지력을 보이다가 갑자기 거래량이 급증하며 전저점을 이탈하는 모습이 발생했다. 기업에서 악성 루머에 맞서 법적 대응이라는 카드를 내밀었는데도 주가는 끝없이 하락했다. 이렇게 전저점을 이탈할 때 거래량이 급증하면 세력의 흔들기가 아니라 기존 매집세력이 이탈한 것으로 해석해야 한다.

차트 68

전저점 이탈 후 추가 하락이 발생하면 주가가 반등해도 재하락할 가능성이 크다. 주가가 전저점을 이탈한 후 추가 하락이 발생했다면 매수세 이탈로 해석하는 것이 좋다. 전저점을 이탈하면서 단기급락한 후 기술적 반등이 나오는데 이때 매수가 아닌 반등을 이용한 매도 전략이 바람직하다. 이때 전저점을 이탈했는지 여부는 전저점 이탈 후 추가 음봉 발생 여부를 보고 판단해야 한다.

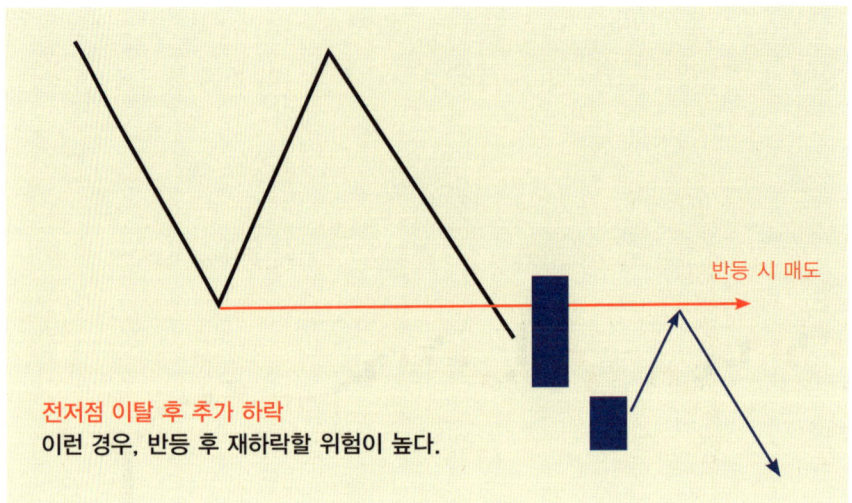

(2) 2016년 10월 코스닥 지수 일봉 차트

코스닥 지수가 전저점을 이탈한 후 추가 하락하는 모습을 보였고 이후 반등이 나왔지만 전저점의 저항을 받고 다시 급락하는 모습이 발생했다. 이렇게 전저점 이탈 후 추가 하락이 발생하면 이후 반등이 나와도 매수해선 안 되며 오히려 반등을 이용해 매도하지 못한 물량을 매도하는 전략을 취해야 한다.

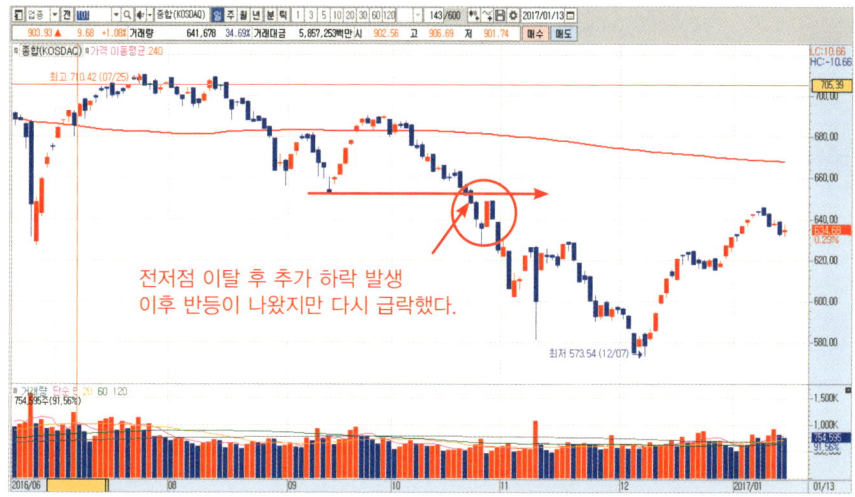

차트 69

2. 전저점 이탈 후 급등 패턴

주식투자에서 말하는 속임수 패턴을 알아두어야 한다. 주가가 전저점을 이탈해 하락 중인데 이것이 흔들기인지 아닌지 알 방법이 없다. 주식은 의외로 간단한 원리가 있는데 가야 할 구간에서 못가거나 하락해야 할 구간에서 하락하지 않으면 속임수일 가능성이 크다.

주가가 전저점을 이탈하면 하락할 가능성이 큰데 이탈 후 주가가 밀리지 않고 버티면 속임수를 이용한 물량 매집일 가능성이 크다. 주식시장에서 말하는 이중바닥은 크게 세 가지인데 이중 오른쪽 저점을 이탈한 후 상승하면 폭등할 가능성이 가장 크다. 세력의 흔들기가 발생하고 투매를 유도해 저가에 물량을 받고 주가를 끌어올릴 때 흔히 발생하는 현상이다. 이런 흔들기를 잘 이용하면 급등주를 포착할 가능성이 커진다. 그 방법을 알아보자.

1) 전저점을 이탈할 때 거래량이 급증하지 않아야 한다.

전저점을 이탈할 때 거래량이 급증하면 매수세가 이탈했을 가능성이 크지만 거래량 증가 없이 하락한다면 일시적인 흔들기일 가능성이 크다.

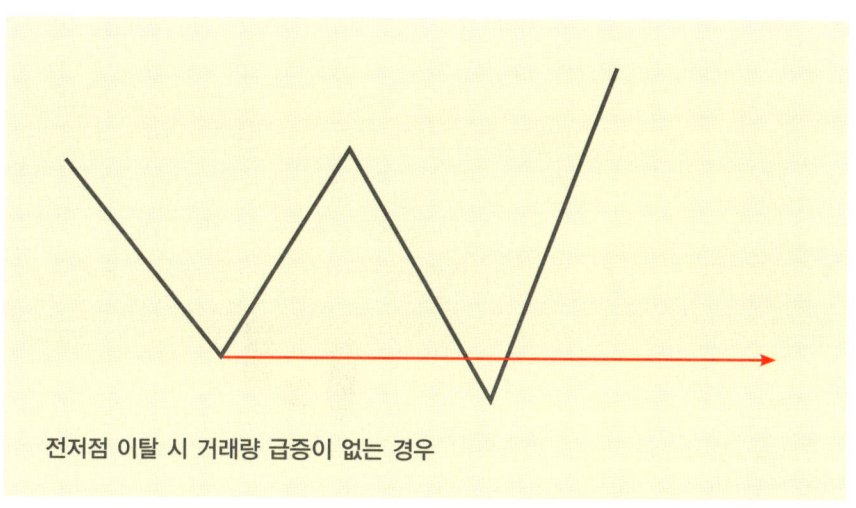

전저점 이탈 시 거래량 급증이 없는 경우

2) 전저점 이탈 후 추가 하락 없이 곧바로 전저점을 회복하는 경우

전저점 이탈 후 추가 하락이 발생하지 않고 횡보하거나 빠른 시일 안에 전저점을 회복한다면 세력의 흔들기로 판단할 수 있다. 전저점을 이탈할 때 매수세력이 물량을 받은 것이라면 추가 하락이 발생하지 않아야 한다.

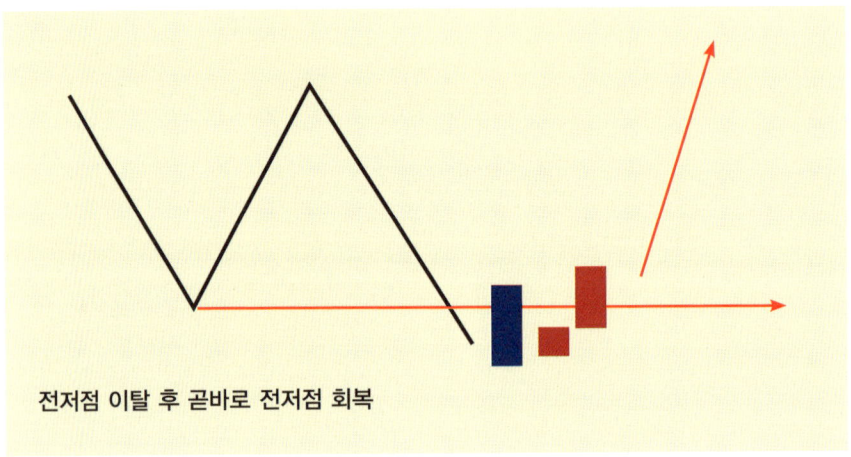

전저점 이탈 후 곧바로 전저점 회복

전저점을 이탈시키고 급등했던 실제 사례는 너무나 많지만 그중 대표적인 경우를 통해 세력의 흔들기를 역이용하는 방법을 알아보자. 전저점을 이탈할 때 거래량이 증가하지 않는 것이 이상적이지만 거래량이 증가하더라도 전저점 이탈 후 추가 하락 없이 곧바로 전저점을 회복한다면 세력의 흔들기로 판단하고 매수에 가담해볼 만하다.

3. 중요한 손절가 설정 방법

전저점을 이탈할 때 매수세력이 매집한 것이라면 주가는 강하게 상승해야 하는데 회복되는 척하다가 다시 하락해 이전에 발생했던 저점을 이탈한다면 빨리 손절하고 빠져나오는 것이 좋다.

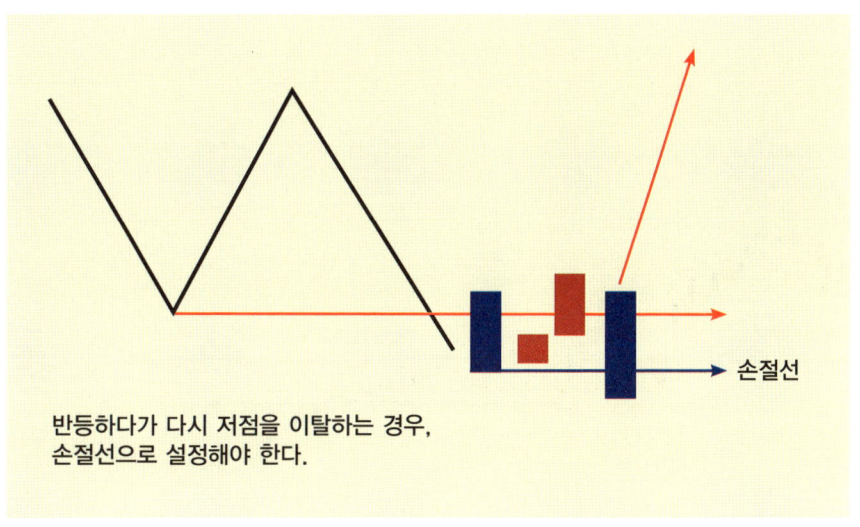

4. 손절가 설정법

다음 차트를 보면 전저점을 이탈할 때 거래량 증가도 없었고 전저점 이탈 후 추가 하락도 발생하지 않았고 전저점을 빨리 회복해 매수해볼 만했지만 추가 하락이 발생했다. 이때 세력의 흔들기 후 급등할 종목이었다면 전저점을 회복하자마자 급등으로 전환되어야 하는데 그러지 못하고 전저점을 이탈할 때의 저점을 다시 이탈한다면 빨리 손절하고 빠져나와야 한다.

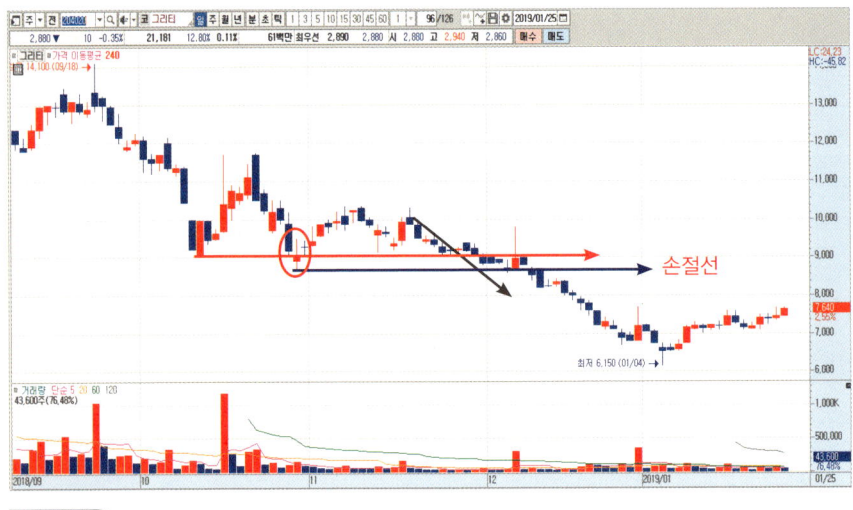

차트 70

이제 세력의 흔들기가 어떻게 발생했고 매수 시점을 어떻게 잡아야 하는지 과거 사례를 분석해보자.

(1) 에이치엘비

임상 3상 실패라는 악재가 발생하며 주가급락이 발생했고 이후 바닥을 다지는 듯 보였지만 전저점을 강하게 이탈했다. 급락 후 반등을 노리고 매수에 가담했던 투자자들 대부분 전저점을 이탈하는 강력한 하락에 흔들리며 투매에 동참했고 기존에 보유했던 투자자들도 공포심에 대량 매도했을 가능성이 크다.

전저점을 이탈하며 거래량 증가는 있었지만 이탈 후 추가 하락 없이 전저점을 회복하는 모습이 발생했고 이후 2만 원대이던 주가는 20만 원까지 급등했다. 만약 전저점 이탈을 손절가로 설정했다면 세력의 흔들기에 당할 수밖에 없었을 것이다. 전저점을 이탈했다는 이유만으로 이 종목을 투매했다면 엄청난 후회를 할 수밖에 없다. 이런 종목을 보유하고 있었다면 전저점 이탈 후 추가 하락 여부를 체크하고 추가 하락이 발생했다면 반등할 때

차트 71

매도하고 나와야 하고 추가 하락이 발생하지 않았다면 최대한 인내하며 기다려보아야 한다. 반대로 세력의 흔들기를 역이용해 저가 매수했다면 큰 수익도 가능했을 것이다.

(2) 신라젠

펙사벡 임상 3상의 무용성 평가에서 임상 중단 권고를 받고 70% 이상 단기급락했고 반등을 노린 투자자들이 저가 매수에 나섰지만 결국 전저점을 이탈하며 추가 하락이 발생하고 말았다. 신라젠은 두 번의 전저점 이탈 현상이 있었는데 앞에서 발생했던 이탈은 거래량이 급증해 매수 시점으로 잡으면 안 된다. 두 번째 전저점 이탈 현상을 보면 거래량이 감소했는데 이것을 세력의 흔들기로 판단할 수 있다. 그리고 전저점 이탈 후 추가 하락이 발생하지 않고 곧바로 전저점을 회복했는데 이때가 매수 시점이 된다. 신라젠은 전저점 이탈 후 100% 이상 단기상승했다.

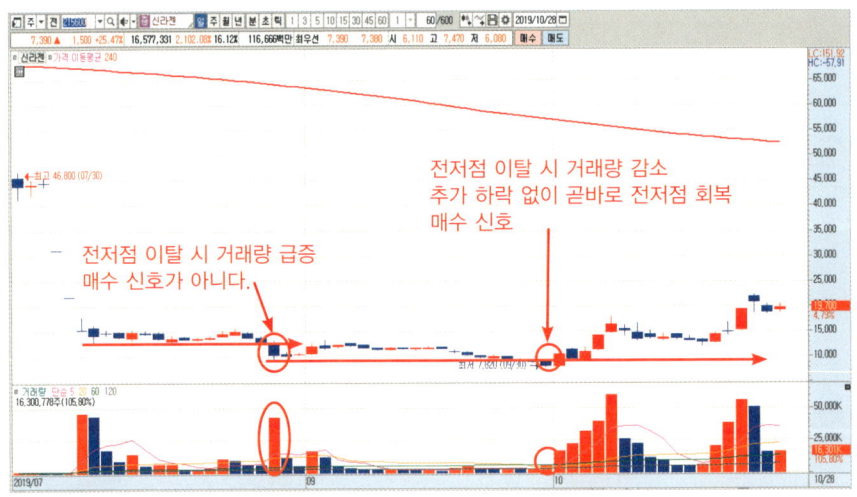

차트 72

(3) 코스닥 지수 일봉 차트

2014년 말 전저점에 대한 애착으로 상당 기간 박스권 장세를 연출했는데 당시 대부분의 투자자들은 코스닥 지수 530p를 중요한 지지선으로 생각했을 것이다. 상당 기간 530p에서 지지력을 보여주던 지수는 단기간에 530p가 붕괴되면서 장중 투매 현상이 발생했다. 이때 전저점을 손절선으로 설정했던 수많은 투자자들이 저가에 매도했을 가능성이 크다.

전저점을 이탈한 후 추가 하락이 발생하지 않고 빠른 시일 안에 전저점을 회복한 코스닥 지수는 780p까지 급등했다. 전저점 이탈을 이용한 급등주 포착법을 알았다면 오히려 매수하지 않았을까? 이런 현상은 코스닥 지수에서 수없이 발생했다.

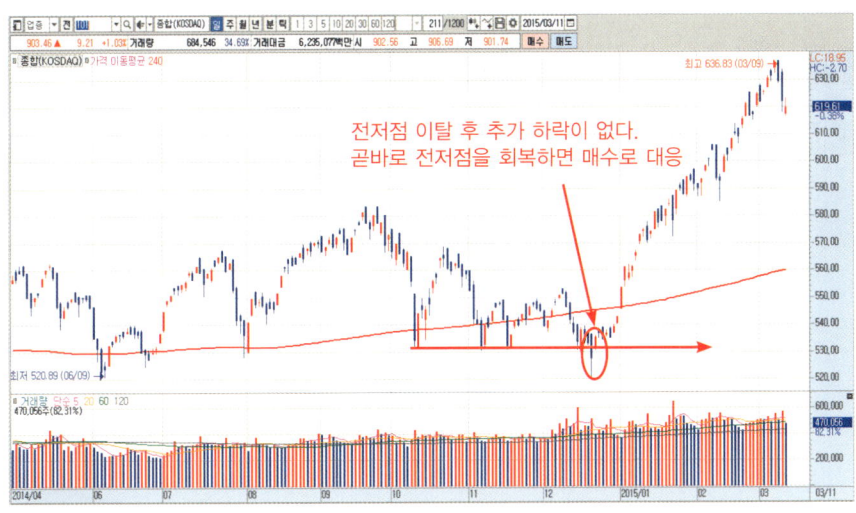

차트 73

(4) 2016년 12월 코스닥 지수 차트

전저점을 이탈할 때의 흐름을 보면 거래량 증가도 없었고 이탈 후 추가 하락 없이 곧바로 회복하는 모습이었다. 이때 빨간선으로 표시된 지점을 돌파하는 모습이 포착되면 매수 시점으로 판단한다.

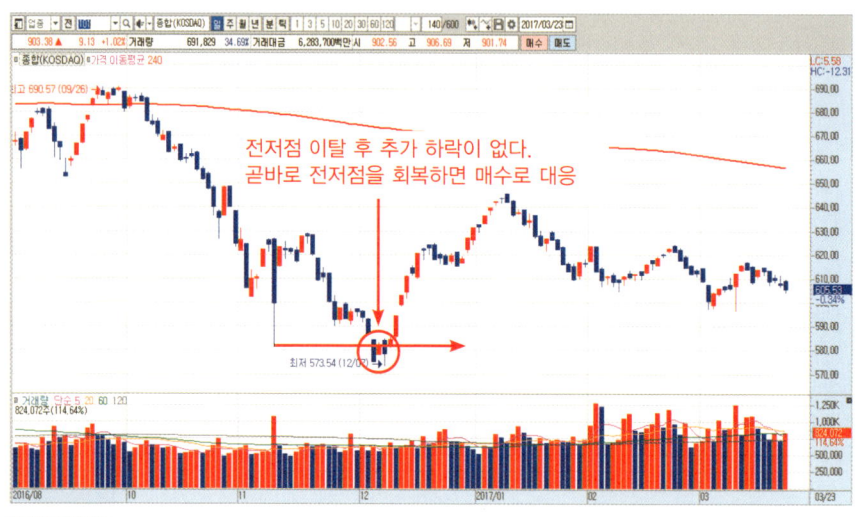

차트 74

5. 목표가 도달 후 세력 이탈 징후

주식은 언제 매도하는 것이 가장 좋을까? 어느 정도 목표가에 도달하면 매도하는 방법도 있지만 매수세력의 이탈을 확인한 후 매도하는 방법도 있다. 주식의 생애주기가 끝나는 시점에 세력 이탈 징후가 나온다면 청산하는 것이 좋다. 주식시장은 외국인, 기관, 개인 큰손과 같은 매수세력에 의해 움직인다. 단순히 개인이 특정 기업이 좋다고 판단해 종목을 산다고 주가가 계속 오르는 것이 아니다. 주가가 오를수록 시가총액이 커지고 자금이 더 많이 필요하기 때문이다. 시가총액이 커지면 주가를 방어하기 위해 더 많은 자금이 필요하다. 매수세력이 주가를 급등시키고 이탈할 때 보이는 징후를 알아두어야 큰 손실을 피할 수 있다.

6. 매집주의 특성

매수세력이 주가를 끌어올리면 매집 → 분출 → 흔들기 → 1차 폭발 → 2차 폭발 → 분열 → 횡보 → 하락 순으로 움직인다.

실제 차트는 다음과 같다. 이런 경우가 너무 흔하니 반드시 숙지해두어야 한다.

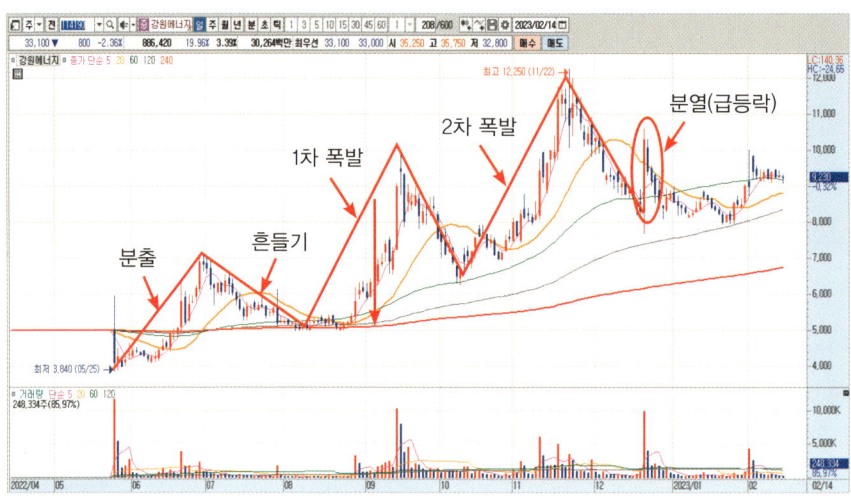

차트 75

주식투자에서 성공하려면 분출 후 흔들기 때 저점 매수해야 한다. 그런데 이 지점에서 종목을 살 줄 아는 투자자는 사실 많지 않다. 고수든 초보든 대부분 급등주에 관심을 보인다. 고수는 단타로 수익을 내기 위해 매수하고 하수는 시장의 핫 이슈라는 이유로 매수한다. 그런데 결과는 극과 극이다. 고수는 수익을 내고 초보는 고점에 물려 손실을 본다. 내가 기다리기 힘들어 변동성 심한 급등주를 샀더라도 세력이 물량을 터는 징후만 어느 정도 안다면 큰 손실을 피할 수 있다. 일단 분열 단계는 반드시 피해야 한다.

분열=경련

죽기 전 마지막 경련을 일으키듯 분열은 주가 급등 후 급등락을 반복하는 것을 말한다. 분열은 바닥에서 수백% 이상 상승한 후 자주 발생한다. 세력이 물량을 터는 가장 좋은 방법은 변동성을 확대시키는 것이다. 매수세력이 노리는 사냥감은 누구일까? 바로 단기간에 수익을 노리는 투자자다. 저점에서 매수해 기다리는 투자자는 세력의 타깃이 안 된다.

매수세력이 주가를 급등시키려면 막대한 자금을 투입해야 한다. 그 물량을 한 번에 처분하려고 하면 곧바로 주가가 폭락하므로 주가를 급락시켰다가 순식간에 급등으로 바꾸어 개인투자자들을 유혹한다.

생각해보자. 오전에 -20%까지 급락하던 주가가 오후에 상승 전환된다면? "아, 저거 세력이 관리하는구나. 급락할 때 저걸 잡았으면 수익이 얼마야?"라며 부러워할 것이다.

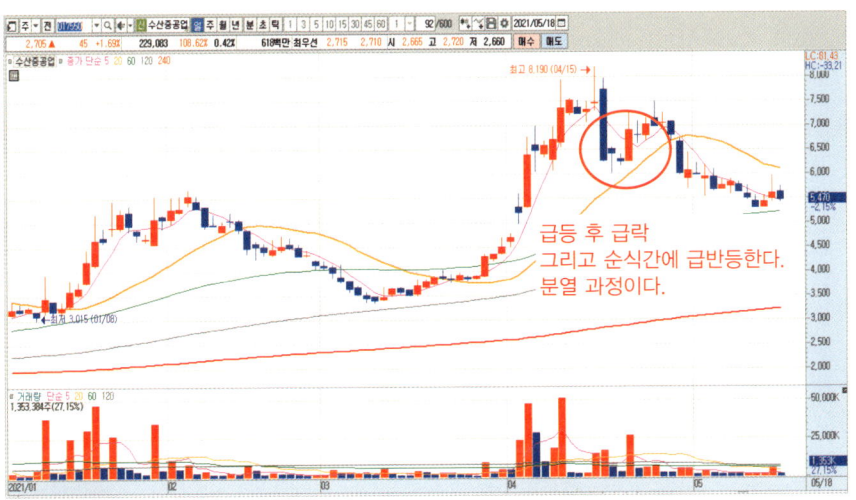

차트 76

이런 과정이 몇 번 반복되면 진짜 하락할 때 투자자들이 급락주를 사게 되며 변동성이 클수록 많은 투자자들이 매매에 참여하게 된다. 이것이 바로 '분열' 과정이다.

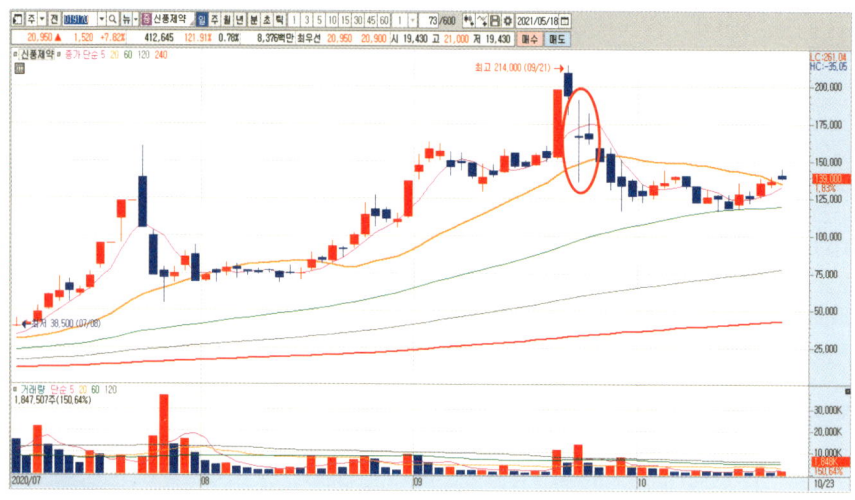

차트 77

분열 과정이 끝나면 주가는 끝없는 나락으로 떨어진다.

차트 78

다음 종목도 주가를 폭등시키고 급락했지만 이후 급반등했다. 이 지점에서 많은 투자자들이 매매에 참여한다.

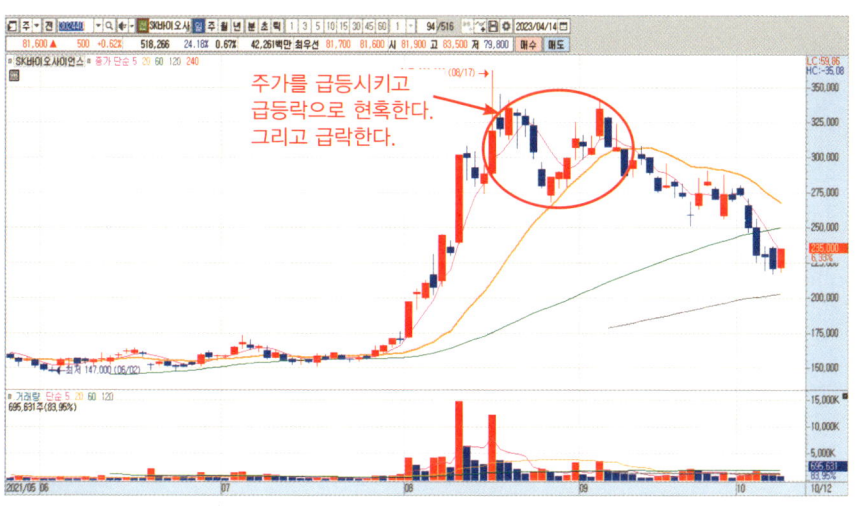

차트 79

Chapter 10 세력을 이용한 매매   159

7. 세력 이탈 징후를 가장 간단히 판단하는 방법

급등주의 기본 과정과 매수세력의 의도를 알았다면 이제 세력 이탈 징후를 간단히 판단하는 방법을 알아두어야 한다. 다시 한번 강조하지만 주식투자에서 100%는 없다. 과거 데이터상 그럴 확률이 가장 높다는 것일 뿐이다. 세력이 주가를 급등시키면 언젠가는 급락하는데 주가가 한두 번 급락했다고 매도해버리면 더 급등하는 경우가 많다. 이것이 진짜 하락인지 일시적인 개인 털기인지 구별할 수 있어야 한다. 물론 모든 것이 다 맞진 않겠지만 확률적으로 높은 이탈 징후를 알아두면 큰 도움이 된다.

보통 주가가 바닥에서 세 번 상승 파동이 발생하거나 큰 조정 없이 500~1,000%가량 상승한 후 이런 징후가 나타나면 세력 이탈로 판단하는 것이 좋다. 그냥 조금 올랐다가 하락하는 경우는 세력 유입이 아니므로 이 판단 방법을 사용할 필요는 없다. 그림을 다시 한번 기억하기 바란다. 파동 마지막 구간에서 무사히 빠져나와야 큰 손실을 피할 수 있다.

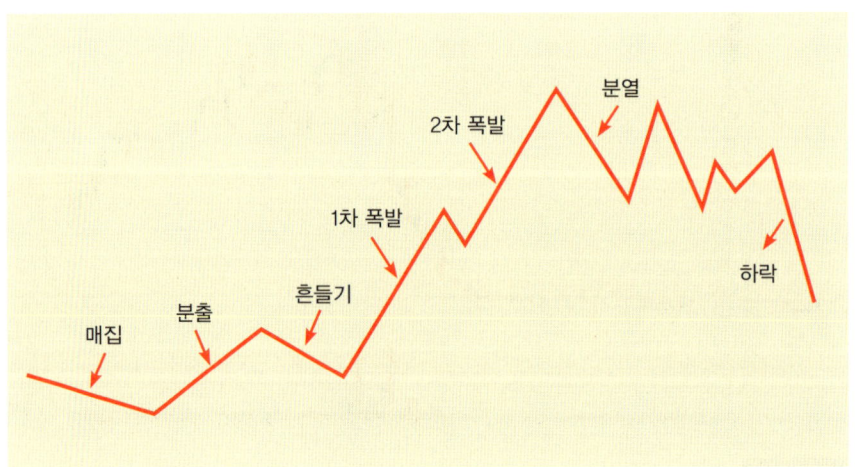

주가가 급등한 후 변동성이 확대되었지만 주가가 재급등하는 경우도 분명히 있다. 흔들기 후 신고가를 다시 돌파하는 경우도 많이 보았을 것이다. 세력이 이탈할 때는 일단 장대 음봉에 대량 거래가 수반될 것이다. 음봉에서 전날보다 거래량이 다섯 배 이상 많다면 위험 신호로 해석해야 한다.

변동성이 확대되는 구간에서는 장대 음봉이 출현할 것이다. 그런데 만약 그것이 개인 털기라면? 반등하는 양봉이 출현하고 그 양봉의 저점을 이탈하지 않아야 한다. 반대로 세력이 이탈했다면 반등 후 그 양봉의 저점을 이탈할 것이다. 종가상 세력 이탈 판단 기준선을 이탈한다면 그들과 함께 빠져나오는 것이 상책이다.

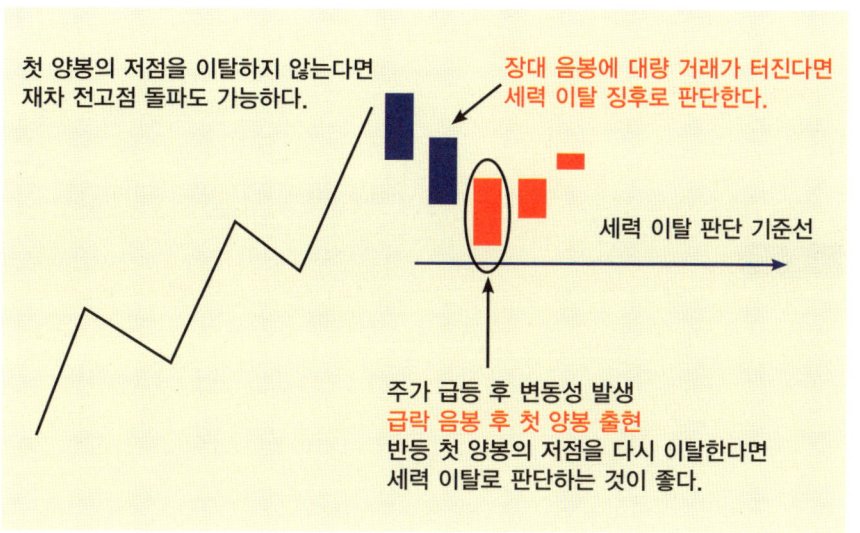

차트 몇 개를 살펴보면 이해하는 데 도움이 된다.

1) 개인 털기 후 재상승하는 경우

(1) 위메이드

주가가 급등한 후 장대 음봉이 발생했다. 주가가 재상승할 때는 음봉에서 거래량이 크게 증가하지 않는다. 그리고 차트를 유심히 살펴보면 주가가 상승할 때는 음봉 뒤에 발생하는 첫 양봉의 저점을 이탈하지 않았다.

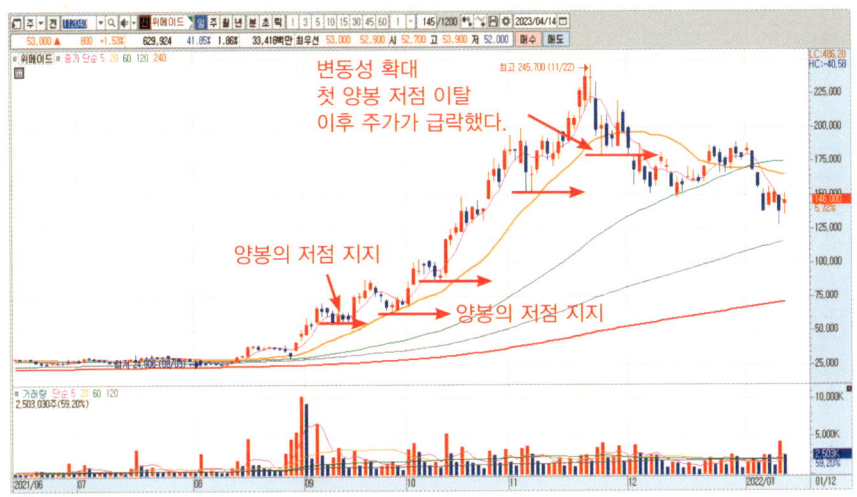

차트 80

조금 이해되시나요? 변동성 발생 후 첫 양봉의 저점 이탈이 없다면 주가는 더 상승할 가능성이 크다.

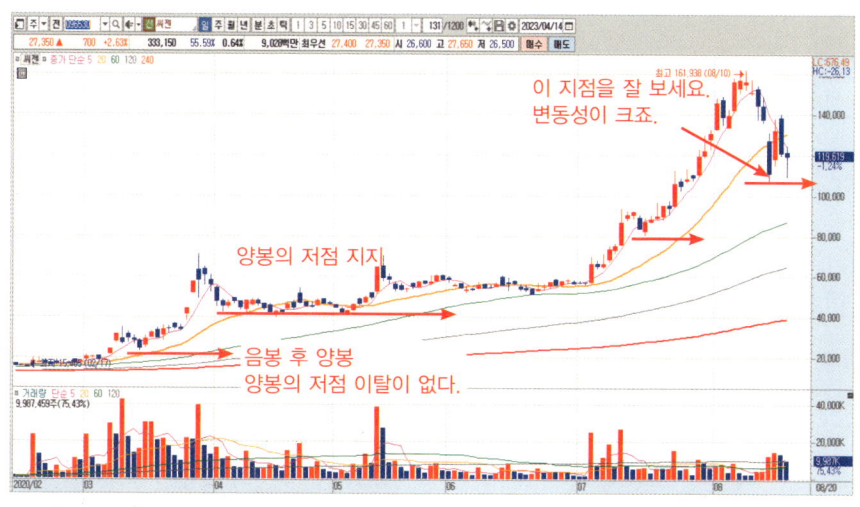

차트 81

위 차트의 다음 모습이다. 어느 지점을 세력 이탈로 보아야 할까?

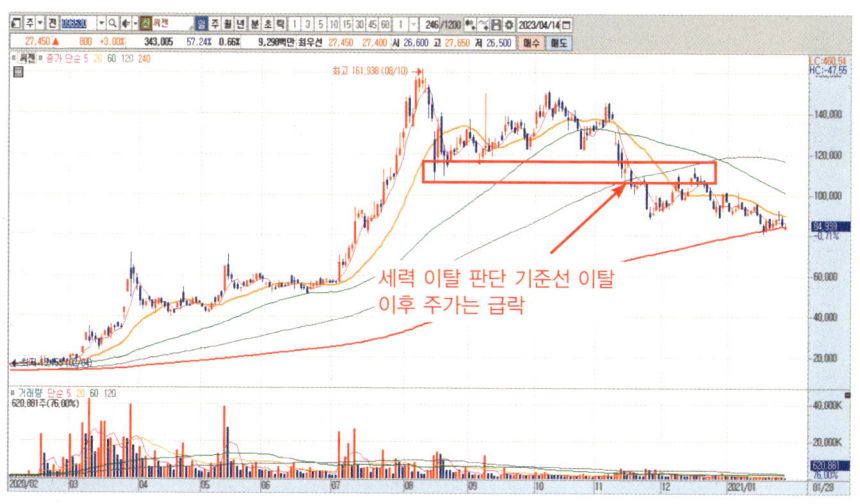

차트 82

Chapter 10 세력을 이용한 매매　163

Chapter 11

알아두면 도움이 되는 주식투자의 기본

주식 입문에서 가장 많이 다루는 것이 골든크로스다. 골든크로스가 발생하면 주가가 상승할 가능성이 크다는데 모든 급등주에서 골든크로스가 발생할 수밖에 없다.

11-1
초보자도 가능한 간단한 보조지표 활용

실전매매에서 보조지표로 큰 효과를 기대할 수는 없다. 보조지표로 포착되는 종목이 너무 많고 대부분 후행성 지표여서 보조지표로 타이밍을 잡는 것은 복불복일 뿐이다. 주식 입문에서 가장 많이 다루는 것이 골든크로스다. 골든크로스가 발생하면 주가가 상승할 가능성이 크다는데 모든 급등주에서 골든크로스가 발생할 수밖에 없다. 골든크로스가 발생해 주가가 상승하는 것이 아니라 주가가 급등해 골든크로스가 발생하는 것이다. 실전에서는 골든크로스 발생 후 주가가 다시 급락하는 경우가 많은데 골든크로스 하나만 보고 매매한다면 단기 고점에서 매수했을 확률이 높다.

필자는 누구나 아는 기본적인 내용은 지면관계상 생략하며 실전에서 유용하게 사용할 수 있는 보조지표 매매 기법 몇 가지만 소개하겠다. 기본적인 보조지표 내용은 주식서적 어디서나 찾아볼 수 있다.

1. MACD를 이용한 단기매매 시점

MACD는 0선을 중요한 신호로 해석한다.

1) MACD 곡선: 12일 지수 이동평균-26일 지수 이동평균
2) 시그널선: MACD의 9일 지수 이동평균
3) 0선

MACD는 이 세 가지만으로도 단기매매를 할 수 있다. 0선 위에서 MACD 곡선이 시그널선을 상향돌파하면 매수 시점으로 볼 수 있다. MACD 곡선이 0선 위에 있다는 것 자체가 상승 가능성을 말하는데 이것만으로 종목을 매수한다면 단기 최고점에서 매수하는 우를 범할 수 있다.

차트 83

이런 실패를 피하는 가장 기초적인 방법은 0선 위에서의 추세 지속 신호를 확인한 후 매매하는 것이다.

2. 0선 위에서 MACD 곡선이 시그널선을 상향돌파하는 시점을 노려라

MACD 곡선이 0선을 돌파하고 0선 위에서 시그널선을 다시 상향돌파한다면 단기 조정을 마치고 주가가 재상승할 확률이 높다고 볼 수 있다.

차트 84

좀 더 안전한 바닥권에서 매수하고 싶다면 그냥 MACD 곡선이 시그널선을 상향돌파하는 것을 공략하는 방법도 있다.

차트 85

11-2
스토캐스틱을 활용한 최적의 매수 시점 포착하기

스토캐스틱은 기술적 보조지표의 꽃으로 불릴 만큼 자주 활용되는, 효용성 높은 지표다. MACD는 중장기 투자에 유용한 반면, 스토캐스틱은 단기투자에도 상당히 유용한 지표로 MACD의 단점을 보완해준다.

스토캐스틱은 %D선과 %K선으로 구성되는데 %D선은 신호선으로 매우 중요하게 다루어진다. 스토캐스틱은 실전에서 사용빈도가 높고 개별주에도 적용 가능해 상세한 설명이 필요하다. 스토캐스틱의 원리는 상승 추세에서 당일 종가가 최근 기간 중 가격변동폭의 최고가에 근접해 있고 하락 추세에서는 당일 종가가 최근 기간 중 가격변동폭의 최저가에 근접해 있다는 간단한 논리에서 출발할 것이다.

스토캐스틱에는 FAST 스토캐스틱과 SLOW 스토캐스틱이 있는데 FAST는 시장변동성에 너무 민감해 실전에서 효용성이 떨어지므로 SLOW 위주로 활용하는 것이 바람직하다. 스토캐스틱 매매 기법은 여러 가지가 있지만 필자는 두 가지만 소개하겠다. %D선이 80 이상이면 과매수 구간, 20 이하면 과매도 구간의 신호로 본다.

1. 과매수 구간의 다이버전스 신호

다이버전스는 차이를 뜻한다. 주가의 고점은 높아지고 있지만 보조지표의 고점은 오히려 낮아지는 것을 다이버전스 신호라고 한다. 과매도, 과매수 구간에서 다이버전스 신호가 나타나면 매수·매도 시점으로 잡는다.

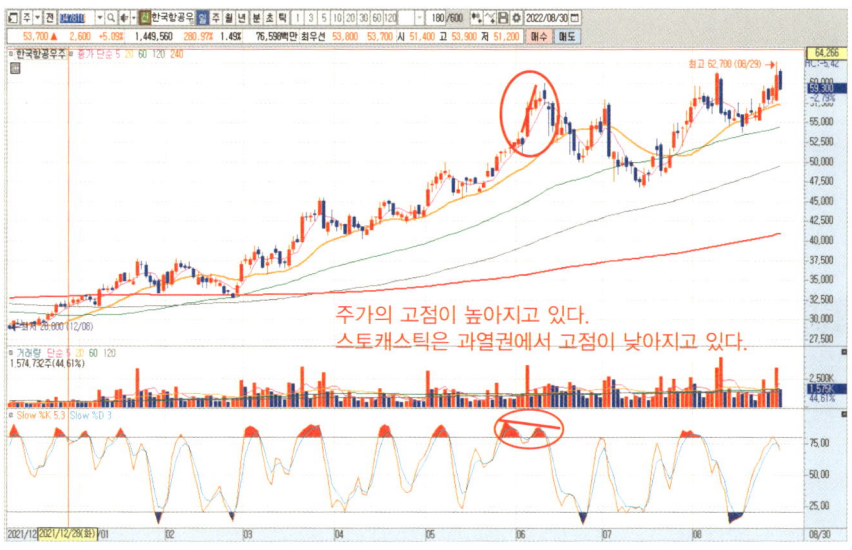

차트 86

2. 과매도권에서의 돌파

과매도권에서 %K선이 %D선을 상향돌파하는 시점을 매수 시점으로 본다.

차트 87

3. 스토캐스틱을 활용한 최적의 매수 시점

%D선이 20 이하에서 저점이 높아지는 다이버전스 신호가 발생하고 %K선이 %D선을 상향돌파하는 시점을 매수 시점으로 본다.

차트 88

11-3
볼린저밴드로 투매를 잡는 방법

1. 주식시장에서의 투매

투매는 누군가에게는 단기간에 큰 손실을 안겨주지만 또 다른 누군가에게는 단기간에 큰 수익을 안겨주기도 한다. 볼린저밴드의 원리를 잘 이해해 활용한다면 투매를 이용해 저가 매수를 할 수 있다. 이 방법을 책으로 모두 이해하기는 물론 어려울 수 있다.

2. 볼린저밴드(Bollinger Band)

밴드 상한선, 밴드 하한선, 중심선으로 구성된다. 중심선은 20일선과 같다. 볼린저밴드는 일정 기간 동안 결정되는 가격 수준과 변동성을 측정하는 지표다. 볼린저밴드는 변동성 측정을 위해 표준편차를 사용하며 급격한 가격변동으로 변동성이 증가하면 밴드폭이 확대되고 시장가격이 완만한 변동성을 나타내면 밴드폭이 축소된다. 볼린저밴드는 횡보 후 주가의 방향을 잡을 때와 과매수·과매도권을 찾는 데 유용한 지표다. 볼린저밴드의 중심선으로 사용되는 이동평균 기간은 보통 20일이다.

3. 볼린저밴드를 활용한 최저점 찾기

개별종목보다 지수를 보고 저점 매수할 때 가장 유용하다. 볼린저밴드는 주가의 변동성을 나타내는 지표임을 알려드렸다. 주가가 하락하면 하락할수록 밴드의 폭도 확대된다. 그런데 확대되는 밴드의 하한선을 완벽히 이탈했다면 무슨 의미일까? 바로 기존 하락보다 더 큰 하락이 발생했다는 뜻이다. 즉, 투매가 발생한 것이며 비이성적인 하락이 발생했다는 뜻이다. 이때 주가는 밴드 안으로 다시 회귀하려는 특성이 생기는데 이것을 이용해 단기매수로 수익을 올릴 수 있다. 사실 이 내용은 이해하기 어려우므로 철저한 원리 습득이 필요하다.

1) 조건

① 밴드 하한선을 개별주는 10%, 중대형 우량주는 5% 이상, 지수는 3% 이상 하향이탈할 것. 밴드 하한선을 10% 이상 하향돌파했다면 급락하는 시점에서도 저점 매수에 가담할 수 있다.

② 상장폐지 등의 위험에 노출되어 있지 않아야 한다. 주가가 급락할 때 급락 이유가 상장폐지, 또는 관리종목 등에 편입될 우려가 있다면 이 기법을 사용하면 안 된다. 시장이 급락하거나 수급에 의해 급락할 때만 활용한다.

③ 밴드가 확대되고 있어야 한다. 밴드가 축소된 상태에서 주가가 밴드를 하향이탈하면 반등 후 다시 급락하게 된다. 따라서 밴드폭이 큰 폭으로 확대되어 있어야 이 기법을 적용할 수 있다.

④ 점하한가는 제외한다. 점하한가는 이 기법을 사용하는 의미가 없다
(점하한가란 오전부터 하한가로 시작해 장마감 때까지 하한가가 풀리지 않는 것을 말한다).

2) 매수 시점

볼린저밴드 하한선 가격을 보고 소형주는 밴드 하한선보다 10% 이상, 중대형 우량주는 5% 이상 하락하는 음봉이 출현할 때 저점에서 분할매수한다. 지수는 3% 이상 하향돌파할 때 저가 매수한다.

3) 매도 시점

매수 후 2~3일 안에 강한 반등을 못하면 매도하는 것이 좋다.

4. 코스닥 지수 차트

코스닥은 지수이므로 하락폭이 확대되는 밴드 하한선을 3% 이상 하향돌파하면 저가 매수 신호로 해석하고 도전해볼 만하다. 볼린저밴드가 하향으로 확대되는 구간에서 섣부른 저가 매수는 큰 손실을 부를 수 있다. 밴드를 미끄러지듯 타고 내려오면 지수가 아무리 빠져도 투매 현상으로 판단할 수 없다. 지수가 매일 2%씩 하락하면 변동성이 같으므로 하락폭이 크더라

도 함부로 저가 매수하면 안 된다. 지수가 1~2%씩 하락세를 보이다가 어느 순간 5%가량 하락하면 볼린저밴드를 3% 이상 하향돌파하는 것이므로 투매로 판단하고 하락할 때 과감히 저가 매수해볼 만하다.

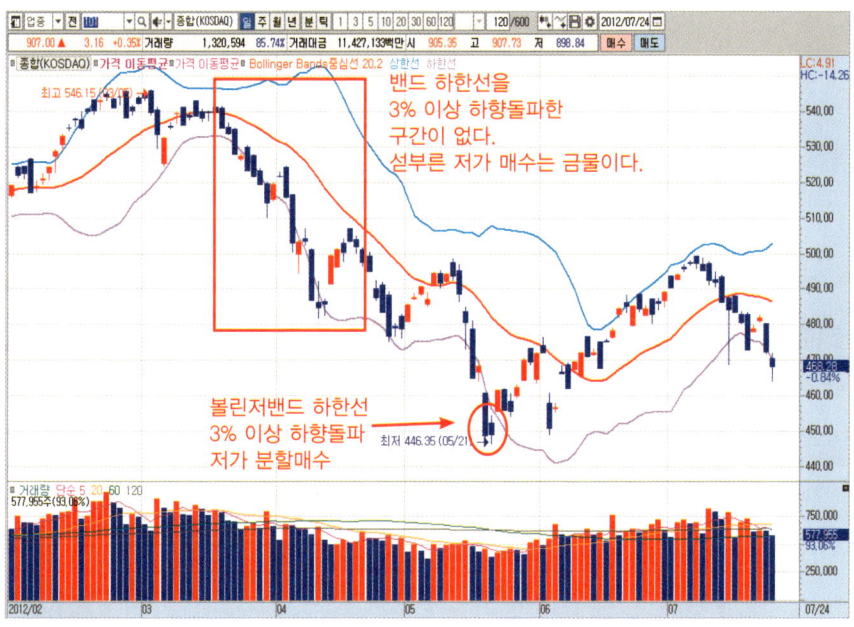

차트 89

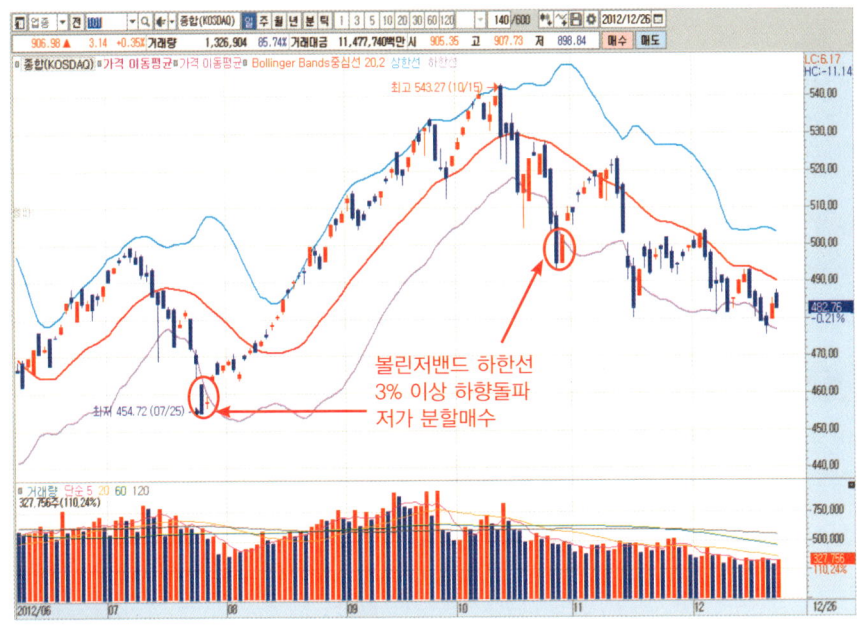

차트 90

위의 코스닥 차트를 살펴보자. 총 세 번 과매도 신호가 발생했는데 두 번은 바닥이었고 한 번은 속임수였다. 앞에서 설명한 부분을 기억하자. 볼린저밴드 3% 이상 하향돌파 후 3일 안에 강한 반등이 없으면 매도해야 한다. 투매 후 강한 반등이 나오지 않으면 다시 한번 급락 파동이 발생할 수 있기 때문이다.

11-4
주식 소각의 의미와 주식 소각이 주가에 긍정적인 이유

주식 소각이란 기업이 자사 주식을 취득해 소각하는 것으로 발행주식 수를 줄여 주당가치를 높여 주주이익을 꾀하는 방법이다. 유상증자는 주주를 가볍게 여기는 처사이지만 주식을 소각하는 기업은 대체로 주주를 위한 경우가 많다. 쉽게 풀이해 유상증자는 주식 수가 많아지니 주주가치가 희석되는 것이다. 피자 한 판을 10명이 나누어 먹을 것을 15명이 나누어 먹어야 한다고 생각하면 된다.

주식 소각은 정반대다. 주식 수를 줄이니 주당가치가 높아진다. 아쉽게도 유상증자는 대량으로 하지만 주식 소각은 대량으로 하는 경우가 거의 없다. 주식 소각은 대부분 기업이 자사주를 매입해 가지고 있던 것을 없애는 것이기 때문이다. 자사주를 매입해 소각하는 경우, 본질적으로 기업가치는 불변이지만 주식 수가 줄어 주당가치가 높아진다. 피자 한 판을 10명이 나누어 먹던 것을 8명이 나누어 먹는 것이다.

A라는 기업이 1,000주 주식으로 구성되고 미래이익으로 100원이 예상된다면 미래이익으로 인한 A 기업의 주당가치 증가는 1원이 되지만 50% 주식 소각으로 500주로 감소된다면 주당가치 증가는 2원으로 커진다. 주식을 소각하면 자본항목인 자본금 또는 이익잉여금이 감소하므로 자본 총계(자기자본)가 줄어든다. 감자소각은 자본금이 감소하고 이익소각은 이익잉여금이 감소한다.

이익소각한 기업의 자본변화

(단위 : 억 원)

자본	6,369	7,190	6,993	7,137
지배기업주주지분	6,369	7,190	6,993	7,137
자본금	65	66	66	66
신종 자본증권				
자본잉여금	2,023	2,113	2,158	2,158
기타 자본	− 527	− 599	− 352	− 352
기타 포괄손익누계액	− 93	115	296	345
이익잉여금(결손금)	4,901	5,495	4,825	4,919

주식을 소각하면 주당순이익이 증가하고 ROE도 높아지는 효과가 발생한다. 단점이라면 자기자본이 줄어드니 부채 비율이 증가할 수 있다는 것이다. 주식을 소각한 기업 간의 주가 비교는 무의미하다. 소각 비율이 압도적으로 높지 않은 한, 주가를 급등시키진 않는다. 자사주 소각으로 일시적으로 반짝하지만 당장 크게 오르진 않고 주가에 서서히 긍정적으로 작용한다.

1. 장단기 금리차를 보는 곳

장단기 금리가 역전되면 통상적으로 1년 6개월 안에 경제위기가 발생했다. 장단기 금리차는 장기채권과 단기채권의 금리차를 말한다. 보통 미국 국채 10년물을 장기채권으로 보고 미국 국채 2년물을 단기채권으로 간주해 계산한다. 따라서 장단기 금리차는 미국 국채 10년물과 2년물의 금리차를 뜻한다고 할 수 있다.

2. 장단기 금리차가 벌어지는 이유

단기금리는 정책금리와 유사하게 움직이는 경향이 있다. 장기금리는 향후 경제 전망과 인플레이션을 감안해 매수·매도가 결정된다. 경기침체가 예상되면 안전자산인 채권을 매수하게 되고 채권 금리는 내려간다. 기대 인플레이션(BEI)이 올라가면 채권 수요가 줄고 채권가격 하락과 금리상승이 나타나는 것이다. 단기금리는 정책금리를 올리면 빠르게 상승하고 미래 경기전망이 어두우면 장기채권 금리는 하락한다.

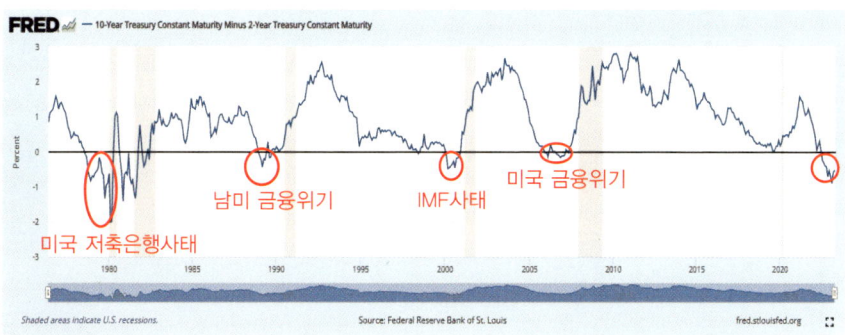

차트 91

장단기 금리차 보는 곳

다음 주소에서 실시간으로 확인할 수 있다.
https://fred.stlouisfed.org/series/T10Y2Y

11-5
신규 상장주 매매하는 방법

　신규 상장주는 미국이든 한국이든 잘못 매매하면 큰 손실이 발생한다. 미국 신규 상장주는 고점 대비 1/10토막이 너무나 많다. 상장하자마자 하락하거나 급등했다가 하락하는 경우도 많다. 결론적으로 신규 상장주를 고점에서 매수해 장기투자하면 큰 손실이 날 가능성이 크며 신규 상장주는 타이밍이 생명이다.

미국 신규 상장 주식의 하락폭

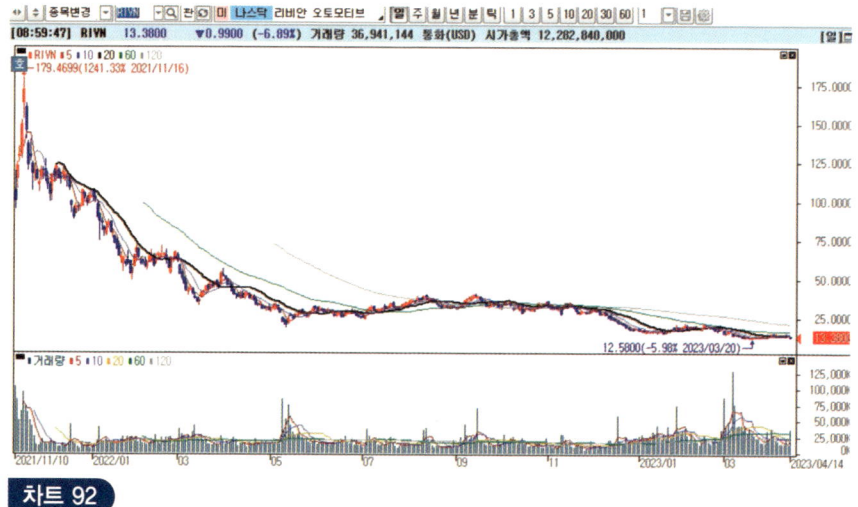

차트 92

1. 신규 상장주 매수 전 반드시 확인할 사항

1) 오버행 이슈 물량 체크하기

신규 상장주의 최대 적은 물량 부담이다. 주식시장에 상장되기 전 주식을 매수한 투자자는 그 기업 주식이 상장되면 큰 수익이 발생한다. 기업 상장을 노리고 매수했던 투자자들은 대부분 상장 후 주식을 대량 매도하는 경우가 많다.

(1) 락업(의무보호 확약) 확인하기

① 의무보호 확약을 도입한 이유

공모주를 통해 신규 상장하는 주식에 대해 기관투자자가 일정 기간 동안 주식을 팔지 않겠다는 약속을 자발적으로 하는 것이다. 기관은 공모주를 많이 배정받게 되는데 이것을 바로 팔아 상장과 동시에 주가가 폭락하는 것을 막기 위한 제도다. 법적 효력은 없지만 규정을 어기면 다음 공모주 배정에서 페널티가 생긴다. 무조건 지켜야 하는 것은 아닌 것이 의무보호 예수와 다른 점이다.

② 의무보호 확약을 확인하는 방법

미확약 비율이 높을수록 신규 상장 후 바로 나올 가능성이 크다. 의무보호 확약이 풀리는 시점과 수량을 파악한 후 신규 상장주를 매매해야 한다.

※ 확인 방법

㉮ DART에 접속한다.

https://dart.fss.or.kr/

㉯ 코드번호를 입력한다.

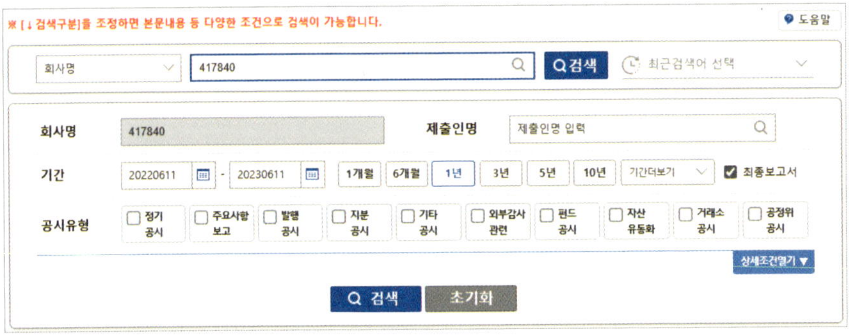

㉰ 증권 발생 실적보고서를 클릭한다.

31	코 저스템	임원·주요주주특정증권등소유상황보고서	이미애	20
32	코 저스템	주주명부폐쇄기간또는기준일설정	저스템	20
33	코 저스템	단일판매·공급계약체결(자율공시)	저스템	20
34	코 저스템	주식매수선택권행사	저스템	20
35	코 저스템	주식등의대량보유상황보고서(일반)	임영진	20
36	코 저스템	임원·주요주주특정증권등소유상황보고서	나동근	20
37	코 저스템	임원·주요주주특정증권등소유상황보고서	윤희용	20
38	코 저스템	임원·주요주주특정증권등소유상황보고서	김용진	20
39	코 저스템	임원·주요주주특정증권등소유상황보고서	임영진	20
40	코 저스템	주식등의대량보유상황보고서(약식)	씨티케이-레드…	20
41	코 저스템	주식등의대량보유상황보고서(약식)	타임폴리오자산…	20
42	코 저스템	[기재정정]증권발행실적보고서	저스템	20
43	코 저스템	[기재정정]투자설명서	저스템	20
44	코 저스템	[발행조건확정]증권신고서(지분증권)	저스템	20

㉱ 청약 및 배정에 관한 사항을 클릭한다.

2. 기관투자자 의무보유 확약 기간별 배정 현황

(단위 : 주, %)

확약기간	국내 기관투자자								외국 기관투자자				합계	
	운용사 (집합)		투자매매·중개업자		연기금,운용사 (고유)은행,보험		기타		거래실적 유		거래실적 무			
	수량	비중	수량	비중	수량	비중	수량	비중	수량	비중	수량	비중	수량	비중
1개월	-	-	-	-	-	-	137,519	10.7	-	-	-	-	137,519	10.7
3개월	156,820	12.2	-	-	-	-	216,674	16.8	-	-	-	-	373,494	29.0
미확약	198,366	15.4	7,287	0.6	43,666	3.4	349,076	27.1	180,000	14.0	592	0.0	778,987	60.4

1) 의무보호 예수

최대 주주나 우리사주 또는 기업 관련인의 주식에 대해 일정 기간 동안 매도하지 못하게 하는 제도다. 최대 주주는 보호예수가 풀려도 바로 물량으로 나오는 경우가 많지 않다. 우리사주나 투자자들의 보호예수가 풀리면 시중에 물량이 대량으로 쏟아질 수 있으니 주의해야 한다.

※ 의무보호 예수 확인 방법

처음에는 위와 동일하다.

㉮ DART 접속 후 종목코드를 입력한다.
㉯ 투자설명서를 클릭한다.

31	코	저스템	임원·주요주주특정증권등소유상황보고서	이미애	20
32	코	저스템	주주명부폐쇄기간또는기준일설정	저스템	20
33	코	저스템	단일판매·공급계약체결(자율공시)	저스템	20
34	코	저스템	주식매수선택권행사	저스템	20
35	코	저스템	주식등의대량보유상황보고서(일반)	임영진	20
36	코	저스템	임원·주요주주특정증권등소유상황보고서	나동근	20
37	코	저스템	임원·주요주주특정증권등소유상황보고서	윤희용	20
38	코	저스템	임원·주요주주특정증권등소유상황보고서	김용진	20
39	코	저스템	임원·주요주주특정증권등소유상황보고서	임영진	20
40	코	저스템	주식등의대량보유상황보고서(약식)	씨티케이-레드…	20
41	코	저스템	주식등의대량보유상황보고서(약식)	타임폴리오자산…	20
42	코	저스템	[기재정정]증권발행실적보고서	저스템	20
43	코	저스템	[기재정정]투자설명서	저스템	20
44	코	저스템	[발행조건확정]증권신고서(지분증권)	저스템	20

㉰ 발행인에 관한 사항 → 그 밖에 투자자 보호를 위한 사항을 클릭한다.

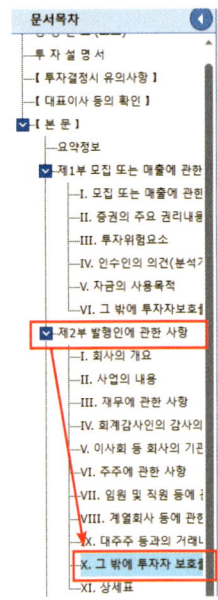

그리고 맨 아래로 내린다. 여기서 보호예수 기간 동안 벤처금융 등 투자사들의 물량이 가장 위험하며 전문투자자, 우리사주도 마찬가지다. 그 물량이 나오기 한 달 전부터는 매매를 자제하는 것이 바람직하다.

(기준일: 2022년 9월 19일)　　　　　　　　　　　　　　　　　　　　(단위 : 주)

주식의 종류	예수주식수	예수일	반환예정일	보호예수기간	보호예수 사유	총발행주식수
보통주	1,873,993	상장일	상장일로부터 2년 6개월	상장일로부터 2년 6개월	최대주주 등	5,170,000
보통주	231,000	상장일	상장일로부터 1년 6개월	상장일로부터 1년 6개월	최대주주 등	5,170,000
보통주	46,200	상장일	상장일로부터 1년 6개월	상장일로부터 1년 6개월	최대주주 등	5,170,000
보통주	46,200	상장일	상장일로부터 1년 6개월	상장일로부터 1년 6개월	최대주주 등	5,170,000
보통주	161,700	상장일	상장일로부터 6개월	상장일로부터 6개월	자기주식 취득	5,170,000
보통주	46,200	상장일	상장일로부터 6개월	상장일로부터 6개월	자기주식 취득	5,170,000
보통주	23,100	상장일	상장일로부터 6개월	상장일로부터 6개월	자기주식 취득	5,170,000

보통주	29,832	상장일	상장일로부터 1개월	상장일로부터 1개월	전문투자자	5,170,000
보통주	408,413	상장일	상장일로부터 1개월	상장일로부터 1개월	벤처금융	5,170,000
보통주	178,821	상장일	상장일로부터 1개월	상장일로부터 1개월	벤처금융	5,170,000
보통주	71,513	상장일	상장일로부터 1개월	상장일로부터 1개월	벤처금융	5,170,000
보통주	17,878	상장일	상장일로부터 1개월	상장일로부터 1개월	벤처금융	5,170,000
보통주	17,878	상장일	상장일로부터 1개월	상장일로부터 1개월	벤처금융	5,170,000
보통주	231,000	상장일	상장일로부터 1개월	상장일로부터 1개월	자발적	5,170,000

2) 전환사채, 신주인수권 숨겨진 물량 확인하기

주식을 매수하기 전 반드시 전환사채와 신주인수권부 사채, 전환사채 물량, 오버행 이슈를 확인해야 한다. 주식시장에서 오버행 이슈는 항상 존재한다.

(1) 오버행 이슈

주식시장에서 언제든지 매물로 쏟아져 나올 수 있는 잠재적 과잉 물량 주식을 말한다. 일반적으로 해당 종목의 현재 주가가 교환가격을 웃돌아 주식으로 전환될 가능성이 커질 경우에 나타나는데 일반적으로 주가에 악재로 작용한다. 예를 들어, 대주주의 보호예수 기간이 만료된 종목이나 채권단이 자금회수를 위해 담보로 잡은 주식을 처분할 것으로 예상되는 기업, 전환사채, 신주인수권 등의 주식 전환 이슈를 말한다. 전환사채보다 신주인수권이 주가에 더 큰 악영향을 미친다.

(2) 사채의 종류

① 신주인수권부 사채(BW)

사채권자에게 사채 발행 이후 기채회사가 신주를 발행하는 경우, 미리 약정된 가격에 따라 일정한 수의 신주 인수를 청구할 권리가 부여된 사채다. 저리로 사채를 모집하며 행사할 때 추가자금을 납입한다. 신주인수권을 행사해도 사채는 남는다. 사채를 상환해도 분리형은 신주 행사가 가능하며 대부분 분리형으로 발행된다. 주식으로 전환할 때 대부분 물량으로 나온다. 신주인수권 발행 공시가 뜨면 주가가 급락하는 경우가 많다. 행사는 보통 1년 후에 가능한데 신주인수권을 행사하면 주가가 급락한다. 물량으로 바로 출회될 가능성이 크기 때문이다. 신주인수권 행사잔량이 남아 있다면 일단 매수하지 않는 것이 상책이다.

② 전환사채(Convertible Bond)

주식과 채권 혼합형으로 이자비용을 적게 해 자금을 조달하려는 기업이 발행한다. 기간 경과 후 주식으로 전환할 수 있다. 주식으로 전환할 때 부채가 자본으로 변경된다. 전환사채는 기업 인수합병 때도 자주 사용되는데 작전주들이 이 방법을 많이 쓴다. 전환사채의 영향은 사채 인수 대상에 따라 다르다. 투자사, 증권사 등이 인수하면 대부분 주가가 하락하며 특정 기업이 인수하는 경우, 호재로 작용하는 경우가 많다. 만약 삼성전자가 전환사채를 인수했다면 대형 호재가 된다. 외국인이 사채를 인수해도 호재가 된다. 전환사채를 행사할 경우, 악재가 되기도 하지만 장기투자가 많다. 하지만 전환사채를 자주 발행하는 기업은 일단 조심할 필요가 있다.

(3) 숨은 물량 확인하는 방법

① DART에 접속한 후 종목번호를 입력한다.

https://dart.fss.or.kr/

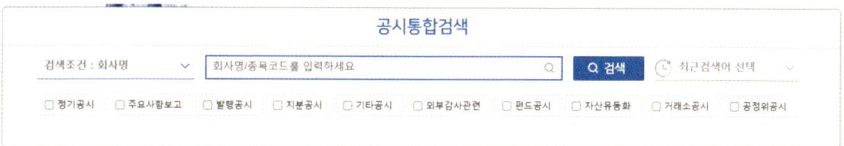

② 분기보고서나 사업보고서를 클릭한다.

③ 재무에 관한 사항, 증권 발행을 통한 자금조달 순으로 클릭하면 미상환 전환사채 발행 현황이 나온다. 신주인수권이 여기 있으면 표시된다.

전환청구가능기간	전환조건		미상환사채		비고
	전환비율 (%)	전환가액	권면(전자등록)총액	전환가능주식 수	
2021.07.17 ~2026.06.16	100	1,000	1,290,000,000	1,290,000	주1)
-	100	1,000	1,290,000,000	1,290,000	

재료가 좋은 것 같은데 주가가 못 간다면 이것부터 확인하기 바란다.

3. 신용잔고의 적정 수준을 판단하는 방법

신용잔고는 빚으로 매매한 투자자들이 갚아야 할 주식이다. 확인하는 방법은 HTS가 가장 빠른데 증권사마다 다르다. 메뉴를 조금만 보아도 쉽게 알 수 있다. 대형주보다 소형주의 신용비율이 높을 수밖에 없는데 이것을 모르면 자칫 고점에서 잡고 차트의 속임수에 당할 수 있다. 부실주 차트는 꽃뱀인 경우가 많다.

화려하게 겉을 포장해 여러분을 유혹한다면? 그리고 그런 꽃뱀에게 당했다고 생각만 해도 정말 끔찍하다.

신용잔고는 신용거래에서 미결제로 남은 주식 수, 즉 신용거래한 투자자가 증권사에 갚아야 할 기한부 부채다. 신용잔고는 대부분 단기 시세차익을 노리고 투자된 자금이어서 항상 매도할 기회만 노리는 잠재적 매도세력이므로 신용잔고가 그 종목의 자본금 규모에 비해 지나치게 비대해지면 주가의 상승 탄력이 현저히 줄어든다. 특히 신용잔고가 크게 증가한 종목은 추가 상승 여력을 상실한 경우가 많으므로 투자에 신중을 기해야 한다. 간혹 신용잔고가 높아도 단기급등하는 경우가 있지만 결국 폭락하고 만다. 코스닥 전체적으로 신용잔고가 급증하면 급락하는 경우가 많다. 특히 코스닥 신용잔고가 단기간에 5천억 원 이상 증가하면 시장이 상투를 친 사례가 많았음을 명심해야 한다.

4. 코스닥 시장에서 신용폭탄이 터진 시기

차트 93

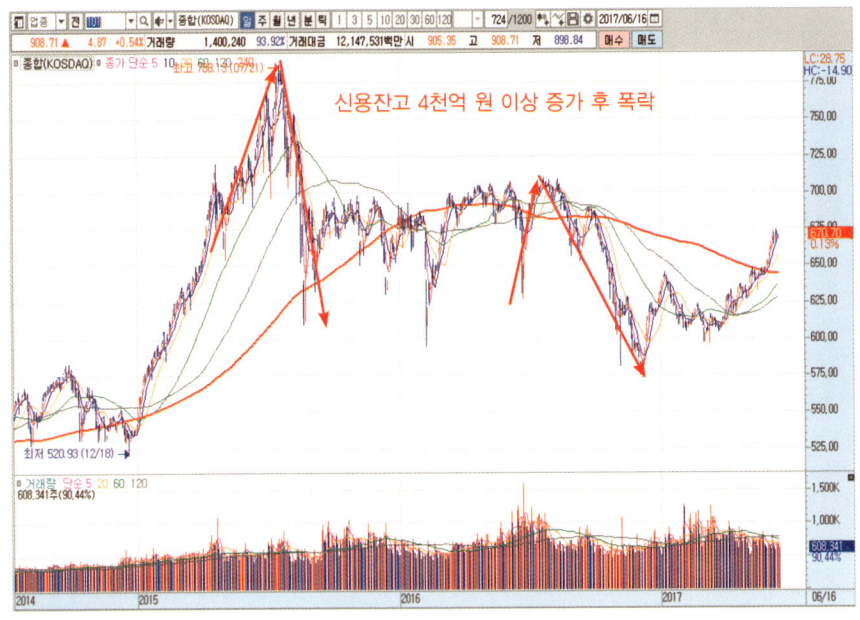

차트 94

위 차트에서 급증한 신용잔고를 확인할 수 있다.

일자	현재지수	대비	등락률(%)	거래량(천)	신규금액	상환금액	융자잔고금액	잔고비율(%)
2016/08/08	696.43 ▲	0.34	0.05	588,308	406,238	378,629	4,309,401	2.5300
2016/08/05	696.09 ▼	5.58	-0.80	638,356	354,987	338,428	4,281,910	2.5100
2016/08/04	701.67 ▲	3.35	0.48	687,558	397,844	372,584	4,265,583	2.4900
2016/08/03	698.32 ▼	2.58	-0.37	738,010	358,021	349,675	4,240,475	2.4800
2016/08/02	700.90 ▼	2.82	-0.40	725,685	326,677	303,639	4,232,673	2.4700
2016/08/01	703.72 ▼	2.52	-0.36	693,869	311,083	302,543	4,209,321	2.4600
2016/07/29	706.24 ▲	2.46	0.35	757,889	321,636	313,054	4,200,785	2.4500
2016/07/28	703.78 ▲	2.69	0.38	789,211	310,619	285,337	4,192,245	2.4500
2016/07/27	701.09 ▼	4.31	-0.61	774,187	305,509	293,827	4,167,026	2.4400
2016/07/26	705.40 ▲	0.44	0.06	1,006,778	348,039	337,042	4,155,494	2.4400
2016/07/25	704.96 ▼	2.58	-0.36	896,609	423,320	403,507	4,144,590	2.4300
2016/07/22	707.54 ▼	0.58	-0.08	1,134,378	346,416	315,771	4,124,992	2.4200
2016/07/21	708.12 ▲	3.09	0.44	959,599	353,925	329,731	4,094,364	2.4100
2016/07/20	705.03 ▲	2.59	0.37	922,398	350,517	325,915	4,070,406	2.4000
2016/07/19	702.44 ▲	1.54	0.22	1,056,536	378,831	353,238	4,046,090	2.3800
2016/07/18	700.90 ▲	0.62	0.09	897,997	354,986	328,430	4,020,307	2.3700
2016/07/15	700.28 ▼	3.06	-0.44	1,125,943	395,640	364,857	3,993,646	2.3600
2016/07/14	703.34 ▲	0.69	0.10	1,096,376	368,260	322,840	3,970,869	2.3400
2016/07/13	702.65 ▲	3.25	0.46	1,062,809	315,931	288,150	3,925,666	2.3100
2016/07/12	699.40 ▲	2.15	0.31	772,828	365,232	341,780	3,898,082	2.3000

차트 95

5. 개별종목별 신용비율

보통 대형주는 신용비율이 높지 않다. 삼성전자는 주가가 그렇게 폭등해도 신용비율은 0.1~0.2%에 불과하다. 대형주는 신용비율이 3%를 넘지 않는다면 크게 신경쓸 필요가 없다. 다음은 삼성전자의 신용잔고 비율이다.

매매일자	종가	대비	등락률(%)	거래량	결제일자	신규수량	상환수량	융자잔고수량	잔고비율(%)	공여율
2022/12/05	60,300 ▼	100	-0.17	13,767,787	2022/12/07	255,879	179,193	7,426,278	0.12	1.85
2022/12/02	60,400 ▼	2,200	-3.51	15,331,184	2022/12/06	571,240	170,738	7,349,757	0.12	3.72
2022/12/01	62,600 ▲	400	0.64	16,631,445	2022/12/05	292,445	451,362	6,949,323	0.10	1.74
2022/11/30	62,200 ▲	1,600	2.64	19,768,903	2022/12/02	102,625	347,369	7,109,114	0.11	0.51
2022/11/29	60,600 ▲	500	0.83	7,014,160	2022/12/01	106,076	142,232	7,354,643	0.12	1.50
2022/11/28	60,100 ▼	900	-1.48	8,589,032	2022/11/30	206,343	169,835	7,390,868	0.12	2.39
2022/11/25	61,000 ▼	400	-0.65	6,677,933	2022/11/29	98,861	80,220	7,354,388	0.11	1.47
2022/11/24	61,400 ▲	400	0.66	8,125,010	2022/11/28	119,186	170,720	7,336,103	0.11	1.45
2022/11/23	61,000 ▲	400	0.66	8,765,050	2022/11/25	128,896	132,227	7,387,923	0.12	1.46
2022/11/22	60,600 ▼	800	-1.30	9,411,289	2022/11/24	178,994	106,023	7,391,482	0.11	1.89
2022/11/21	61,400 ▼	400	-0.65	9,378,097	2022/11/23	182,968	152,038	7,318,712	0.11	1.94
2022/11/18	61,800 ▲	400	0.65	12,236,503	2022/11/22	134,010	266,510	7,288,103	0.11	1.09
2022/11/17	61,400 ▼	1,300	-2.07	13,298,296	2022/11/21	377,453	231,786	7,420,753	0.11	2.82
2022/11/16	62,700 ▼	300	0.48	12,909,260	2022/11/18	201,714	233,976	7,275,712	0.11	1.56
2022/11/15	62,400 ▲	500	0.81	12,310,986	2022/11/17	220,386	219,091	7,308,588	0.11	1.78
2022/11/14	61,900 ▼	1,000	-1.59	15,973,416	2022/11/16	368,400	255,718	7,307,398	0.11	2.30
2022/11/11	62,900 ▲	2,500	4.14	20,037,163	2022/11/15	467,121	855,869	7,195,695	0.11	2.32
2022/11/10	60,400 ▲	1,600	-2.58	21,087,633	2022/11/14	526,893	176,080	7,585,528	0.11	2.49
2022/11/09	62,000 ▲	200	0.32	14,045,592	2022/11/11	196,558	356,026	7,235,041	0.11	1.38
2022/11/08	61,800 ▲	1,600	2.66	18,273,898	2022/11/10	304,389	671,834	7,395,439	0.11	1.65

차트 96

① 시가총액 5천억 원 이상 종목은 5% 이상이면 위험하다. 시가총액 1조 ~5천억 원 이하 종목은 5%만 넘어도 많다. 5천억 원의 5%면 250억 원인데 이것이 신용이라면 위험하다.

② 시가총액 2천억 원 이하 종목은 9% 이상이면 위험하며 가끔 10%를 넘는 경우도 있는데 이것은 볼 것도 없다. 이 신용잔고는 주가 상승을 가로막는 요인이 된다. 신용이 많은 소형주들의 차트가 예쁜 경우가 많다. 정배열 초기의 급등 패턴을 보인다.

차트 97

이 종목은 정배열 초기 차트가 좋았다. 당시 신용잔고는 무려 10%였고 주가는 폭락했다.

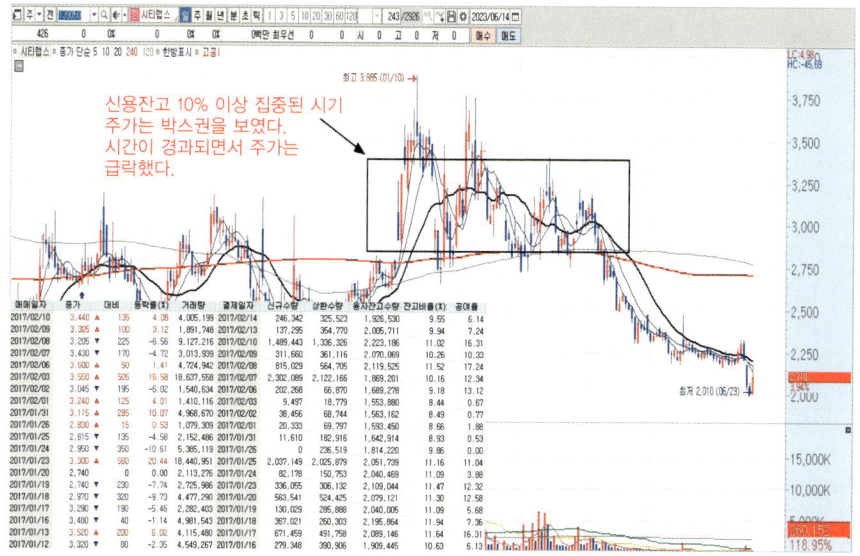

차트 98

여기서 하나만 기억하면 된다. 차트가 좋고 재료가 좋아도 중소형주 신용비율이 8%를 넘는다면 매수하더라도 단기로 접근하고 주가가 가야 할 때 못 간다면 매도하는 것이 좋다. 신용잔고가 10%를 넘는다면 좋은 내용이 있더라도 매매하지 않는 것이 상책이다.

6. 위기가 기회가 되는 종목들의 조건

주식투자를 하다 보면 급등도 하고 급락도 하는데 시장이 상승할 때 매매하는 방법이 있고 하락할 때 매수하는 방법이 따로 있다. 시장이 하락할 때는 위기가 기회가 되는 종목을 발굴해야 한다. 바람 든 공과 바람 빠진 공을 옥상에서 떨어뜨린다고 가정하자.

- A 공: 바람 든 공(펀더멘탈이 좋은 기업)
- B 공: 바람 빠진 공(펀더멘탈이 나쁜 기업)

시장 상황이 좋을 때는 모든 종목이 좋아 보이지만 시장이 하락하면 바람 빠진 공은 매력이 사라진다. A 공과 B 공을 동시에 떨어뜨리면 어느 것이 먼저 튀어 오를까?

바람 든 공(펀더멘탈이 좋은 기업)

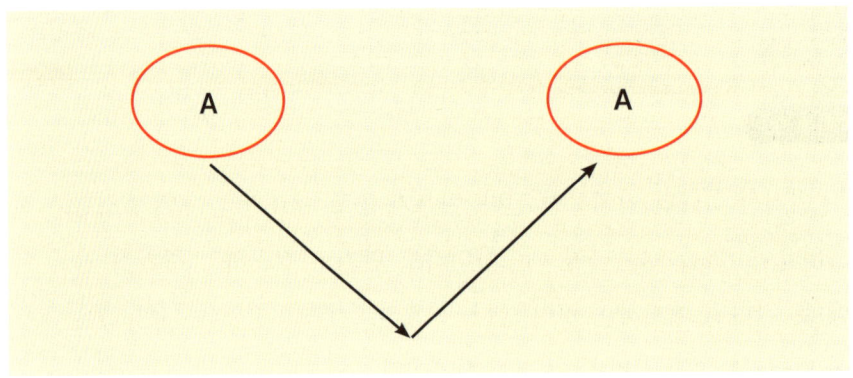

바람 빠진 공(펀더멘탈이 약한 기업)

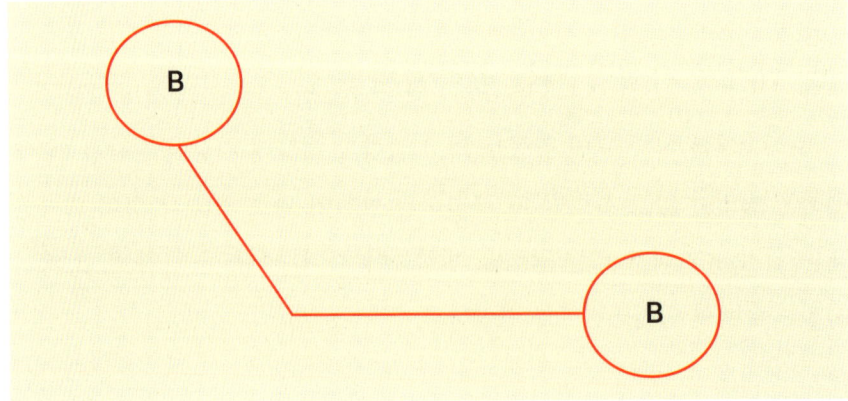

시장이 하락할 때는 펀더멘탈이 좋은 기업, 나쁜 기업 모두 하락하지만 반등할 때는 바람 든 공부터 튀어오른다.

1) A 공을 고르는 좋은 방법

(1) 기존 주도주
(2) 꾸준한 실적 증가
(3) 자산가치 대비 저평가
(4) 우량한 재무구조
(5) 기관·외국인 매집주
(6) 업황 호조 기업(로봇, 모빌리티, 2차전지, LNG, 신재생 에너지 등 관련주)

시장이 하락한 후 반등할 때는 이것부터 기억하기 바란다.

7. VIX 지수

1) VIX 지수를 확인하고 시장 급락을 피하는 방법

VIX(Volatility Index) 지수는 주식이 하락할 때 상승해 공포지수로 불리는데 S&P500 지수 옵션의 향후 30일간 변동에 대한 시장의 기대수치라고 보면 된다. 직접적으로 매수 가능한 실물은 없고 ETN을 통해 거래하는 방법이 있다. VIX 지수는 표준편차와 유사하다. 실제 계산은 S&P500 선물 옵션을 사용하고 지수변동이 커지면 옵션 프리미엄도 상승하는 구조다. VIX 지수는 콜옵션과 풋옵션 가격갭을 계산해 나타낸다. 옵션 만기일이 다가오면서 갭이 작아지면 VIX도 작아진다. S&P 만기일은 매주 돌아오므로 매주 금요일 하락 추세가 된다.

2) VIX 지수 도입 배경

대공황 이후 급격한 하락 전 VIX가 계속 상승한 것에 주목해 사용하기 시작했다. 종가가 일정해도 장중 변동성이 커질수록 상승하며 보통 20 이하를 유지하고 10 이하로 내려가는 경우는 별로 없다. 만약 10 이하로 내려갔다면 시장이 방심한 것이며 이후 급격한 변동성이 발생하는 경우가 많다.

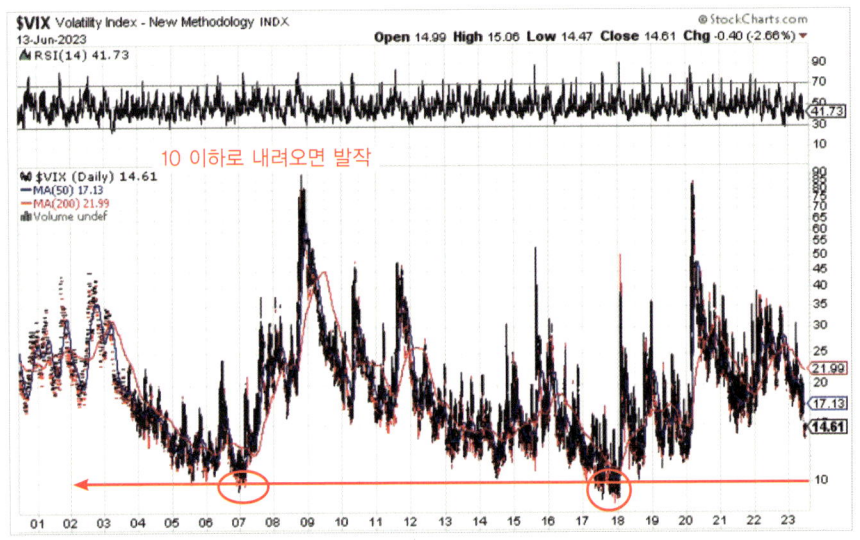

차트 99

15 이하에서 매수해 존버하면 된다?

롤오버가 문제다. 롤오버마다 2~3% 높은 채 롤오버되며 최근에는 5%까지 된다. 장기 포지션은 자살행위가 될 수도 있다.

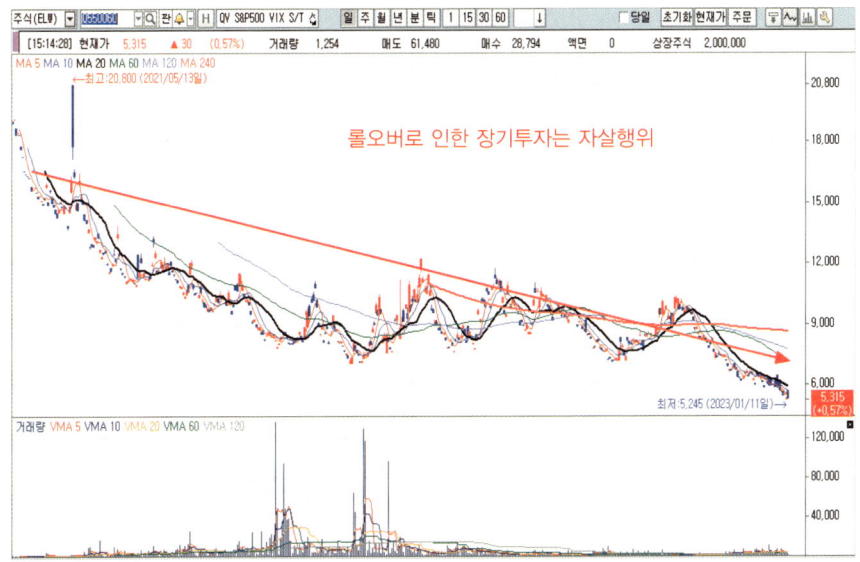

차트 100

3) VIX 지수로 급락 피하는 방법

VIX 지수도 추세가 있다. 추세선 하단까지 내려왔다면 시장이 하락 전환될 가능성이 크다. 특히 13 이하에서 맴돈다면 시장이 방심한다는 뜻이다. 머지않아 하락 변동성이 커질 수 있다. 따라서 VIX 지수가 13 이하에서 장기간 움직였다면 신규 매수는 중단하고 종목별로 대응 준비를 하는 것이 바람직하다.

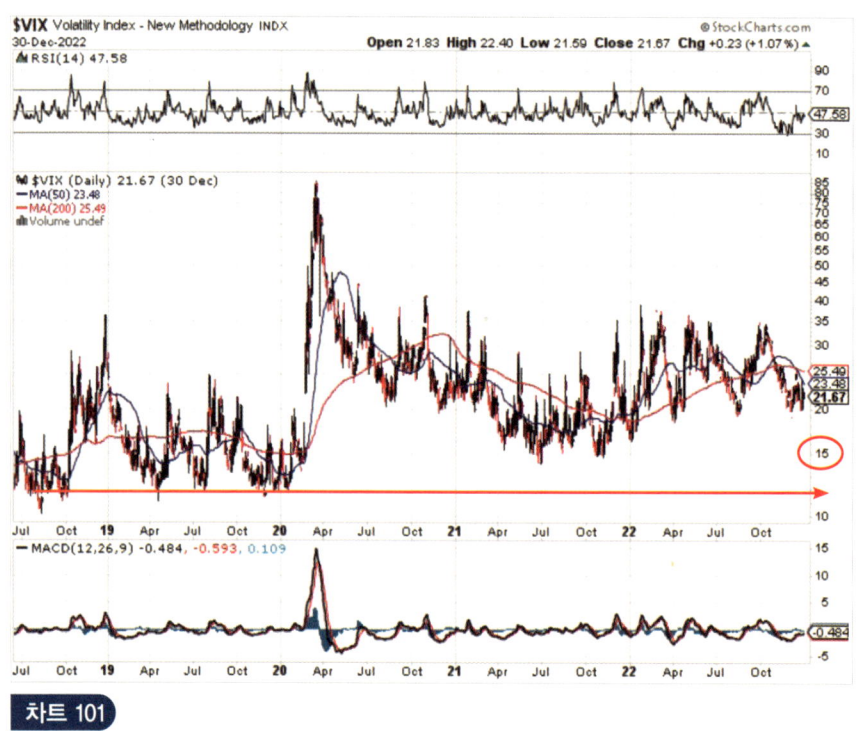

차트 101

VIX 지수의 과거 수치를 보면 2~3년마다 한 번씩 발작을 일으켰다.

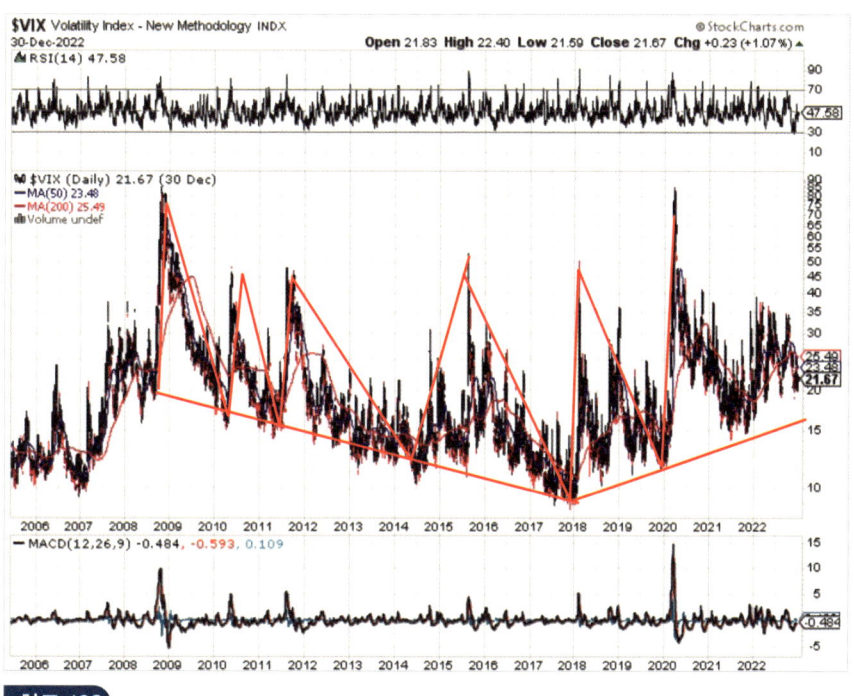

차트 102

4) VIX 지수를 실시간으로 확인하는 곳

https://stockcharts.com/h-sc/ui

8. 과도한 신사업 진출 기업은 피하라

주식투자는 우량기업을 고르는 것도 중요하지만 위험한 종목을 피하는 것도 매우 중요하다. 시장에 신기술 테마주가 발생하면 주가를 올리기 위해 상관없는 업종에 진출하는 기업이 늘어난다. 최근 리튬 가격이 급등하면서 리튬사업에 진출하는 기업들이 늘었다. 메타버스가 인기를 끌면 메타버스에 진출하는 기업이 늘어난다. 그런데 시간이 지나면 주가는 모두 급락한다. 과도하게 신사업에 진출하는 기업은 아무 데나 총을 쏘며 총탄을 낭비하는 것과 같고 정작 중요할 때 자금이 없어 파멸하니 조심해야 한다.

'두 마리 토끼를 잡으려다가 둘 다 놓친다'라는 속담이 있다. 이것저것 기웃거리는 사람치고 잘되는 사람 없다. 기업도 마찬가지다. 남들이 돈 좀 된다면 여기저기서 돈을 끌어모아 투자하는 경우가 많은데 사업설명서만 멋지게 작성해 투자자들의 돈을 긁어가는 경우도 있다. 신사업 진출의 목적은 신성장 동력 발굴과 주가부양 두 가지다.

1) 신성장 동력 발굴을 위한 신사업 진출

대부분 대기업들이 속해 있다. 대기업들은 사업 하나만으로는 지속적인 성장세를 이어갈 수 없으므로 도태되는 사업을 대신할 신성장 동력이 필수적이다. 장기계획을 통해 먹거리를 확보하는 경우가 많으며 실제로 투자를 집행한다. 신사업 진출 초기에는 설비투자 비용과 계획비 등으로 과도한 자금이 소모되어 수익구조에 악영향을 미치지만 이런 악영향은 2~3년 안에 상쇄되는 경우가 많으며 이후 실제 수익 발생으로 외형 성장과 함께 주가도 상승한다. 따라서 신사업 진출 초기에는 일시적인 주가 상승 이후 하락세로 전환되지만 2~3년 후부터 다시 상승하는 경우가 많다.

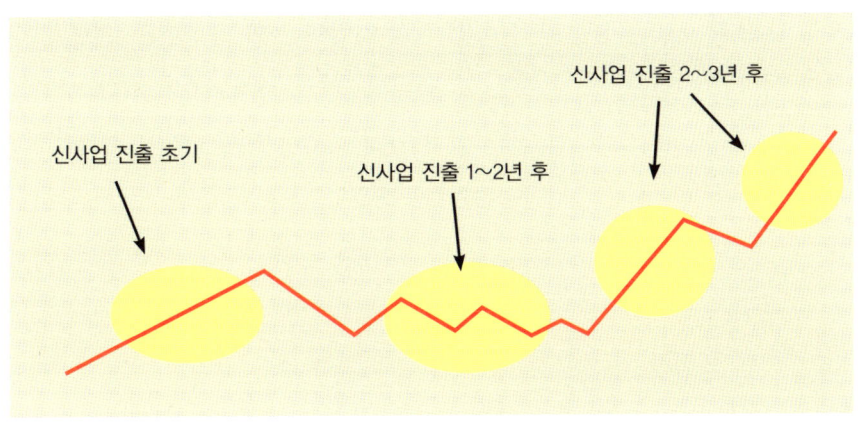

(1) 신사업 진출 초기

신사업에 대한 기대감으로 주가가 폭등한다.

(2) 신사업 진출 1~2년 후

과도한 투자비용 발생으로 수익성이 악화된다. 주가는 1~2년가량 중장기 조정을 받는다.

(3) 신사업 진출 2~3년 후

투자비용 손익분기점을 넘어서며 수익성이 회복된다. 이후 외형 성장과 함께 주가도 상승한다.

2) 주가 부양을 위한 신사업 진출

다음과 같은 기업은 조심해야 한다. 주가 부양을 위한 신사업 진출은 보통 소형 기업들이며 특히 적자에 허덕이는 기업들이 많다. 하나도 제대로 못하면서 남들이 돈이 된다면 이것저것 건드려보는 기업들이다. 특히 시장에서 대형 테마가 발생할 때 신사업 진출 기업이 많이 탄생한다. 이런 기업들이 신사업에 진출하는 목적은 단 하나다! 바로 세력들과 결탁해 주가를 끌어올리는 것이다. 신사업 진출 공시만 내놓고 아무 일도 없다는 듯 끝나거나 법인만 세워놓고 무늬만 신사업인 경우도 많다. 이때 유상증자를 실시해 투자자들의 자금을 끌어모으거나 전환사채 등을 발행하기도 한다. 하지만 그 자금은 출처를 알 수 없는 곳에 쓰여 결국 더 큰 적자에 허덕이게 된다. 신사업을 위한 최초 투자 때 수익이 안 좋은 것은 당연하지만 몇 년 후에도 뚜렷한 결과를 못 얻는 경우가 대부분이다. 과거 바이오 업종이 호황일 때 대부분의 소형 기업들이 바이오 사업에 뛰어들어 주가가 급등했지만 결과는 참담했다. 엔터테인먼트 사업이 호황일 때도 뛰어든 기업이 많았지만 결과는 폭락이나 퇴출이었다. 주가 부양을 위해 신사업에 진출한 기업들의 주가 흐름은 다음과 같다.

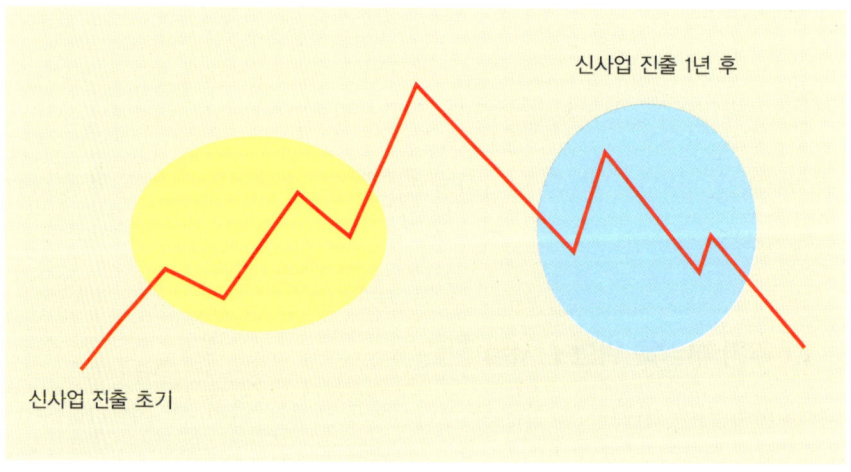

(1) 신사업 진출 초기

신사업에 대한 기대감이 거품을 형성한다. 주가는 초대형 상승이 발생하며 수백% 상승한다. 대부분 두세 번 상승 파동이 발생한다.

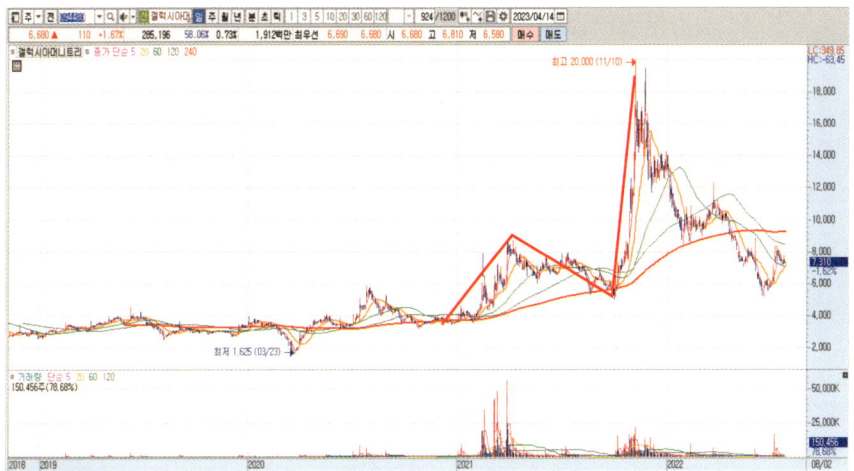

차트 103

(2) 신사업 진출 1년 후

과도한 투자비가 지속적으로 지출된다. 뚜렷한 결과물이 없어 수익성이 지속적으로 악화되고 주가는 끝없는 하락으로 이어진다.

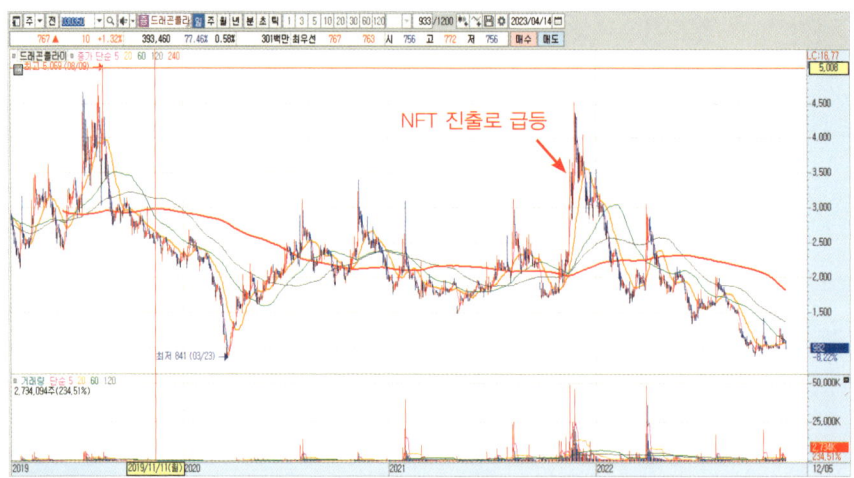

차트 104

결과적으로 신사업에 과도하게 진출하는 기업은 자금만 투자하고 결과물이 없는 경우가 많으므로 투자금만 날리고 적자에 허덕이다가 결국 감자나 상장폐지로 이어지는 경우가 많았다. 신사업 진출을 남발하는 기업은 일단 경계해야 한다. 이 글을 꼭 명심하기를 바란다. 주식투자에 실패하는 분들 대부분 이 점을 간과한다.

성공에 있어 가장 어려운 면은
성공한 상태를 계속 유지해야 한다는 것이다.
이 분야에서 재능은 출발점일 뿐이다.
당신은 그 재능을 계속 연마해야 한다.
언젠가 재능을 구하려고 하면
그것은 거기에 없을 것이다.

- 어빙 베를린

Chapter 12

매매 팁

주식 관련 서적 어디를 보더라도 이동평균선 붕괴 시 매도라고 되어 있고 당연한 말이다. 20일선 붕괴를 수급 붕괴로 판단하고 매도하는 것이 최선이지만 반대로 이동평균선 붕괴를 강력한 매수 시점으로 잡아야 할 때도 많다.

12-1
시스템 트레이딩 성공법

1. 너무 많은 매매지표로 매매에 임하지 말라

너무 많은 매매지표는 오히려 판단을 흐린다. 자신에게 맞는 한두 개 매매지표만 이용해야 신속한 결단을 내릴 수 있다. 보통 일봉과 거래량을 가장 중시하며 보조지표 한두 개를 병행해 사용하는 것이 가장 바람직하다.

2. 수익 과정이 중요하다

주식은 어떤 상황에서도 상승이 나올 수 있지만 기본에 어긋난 매매기법으로 한두 번 수익을 올릴 수는 있지만 그런 매매기법으로 수익을 계속 올리기는 매우 어렵다.

3. 거래에 임할 때는 기계가 되어라

판단을 흐리는 어떤 요소에도 흔들리면 안 되며 매매 타이밍이 왔을 때 한 치의 오차도 없이 확실히 매매해야 한다. 한두 번의 미련이 큰 손실을 부르며 향후 투자 방법에 변화를 가져온다.

4. 자신만의 매매원칙을 만들라

상승·하락하는 종목의 공통점을 항상 파악하고 자신만의 매매원칙을 만들고 거기에 기계처럼 따라야 한다.

5. 투자금은 균등배분하라

분산투자하되 투자금을 모든 종목에 균등배분해야 한다. 특정 종목에 비중이 치우치면 위험을 예방하기 어렵고 비중을 다르게 배분하면 비중이 큰 종목은 상승하지 않고 비중이 작은 종목이 상승하는 경우도 많다. 이런 사태를 피하기 위해 투자금을 균등배분해야 한다.

6. 주변 정보에 흔들리지 말라

모든 사람이 상승한다고 말할 때 주가는 하락한다. 수익률이 높은 투자자들은 각자 독립적인 매매기법이 있으며 가벼운 정보에 쉽게 부화뇌동하지 않는다.

7. 항상 매도 타이밍부터 먼저 생각하라

수익이 났든 손실이 났든 언제 매도할지 마음속에 미리 정해두어야 한다.

※ 수익 시 매도 방법

매입가 대비 5% 이상 상승 시 1/3 매도, 그 후 매입가 대비 10% 상승

시 또 다시 1/3 매도, 나머지 물량은 매수가 이하로 내려가지 않는 한, 목표수익률을 20% 이상으로 설정하고 최종 목표수익률 달성 시 뒤돌아보지 않고 매도하고 나온다.

* **손실 시 매도 방법**

마음속에 정해둔 지지선 이탈 시 100% 전량 매도해야 한다.

8. 뒤돌아보지 말라

실패하는 투자자들의 공통점은 팔고 나면 오르는 징크스다. 팔고 나서 오를 확률과 내릴 실제 확률은 똑같지만 팔고 나서 하락하는 종목은 하락률이 크고 상승하는 종목은 상승폭이 제한되는 경우가 많다. 그럼에도 투자자들의 눈에는 상승하는 종목만 들어온다. 이것에 흔들리면 매도 타이밍에서 미련이 생겨 적시에 매도할 기회를 놓치고 만다.

9. 주식을 온라인게임으로 생각하라

주식을 가장 많은 사람들과 동시에 벌이는 온라인게임으로 생각하라. 물론 재산이 오가니 쉽지 않겠지만 최대한 그런 마음을 갖기 위해 노력해야 한다. 주식은 심리싸움이다. 젊은 투자자들의 수익률이 높은 것은 그들의 생각이 빠르게 변하기 때문이다. 주식을 게임으로 생각하고 계좌잔고를 자주 들여다보지 않는다면 잔파도를 이기고 손절도 쉽게 할 수 있어 시스템 트레이딩의 최고 전략이 된다.

12-2
초단기매매로는 추세매매를 절대로 이길 수 없다

　최근 한국 주식시장만큼 단기매매가 성행하는 곳도 없을 것이다. 장중 상한가 부근까지 오르던 종목이 하한가로 마감하는 경우를 수없이 보았을 것이다. 급등주들의 위험은 바로 거기에 있다. 초단기매매는 일봉을 보고 매매하는 반면, 추세매매는 며칠간의 추세를 예측해 매매한다. 확률적으로 보더라도 단기매매가 추세매매를 절대로 이길 수 없음을 알 수 있다. 추세매매는 며칠간 지켜보므로 잔파도를 이겨낼 수 있지만 단기매매는 잔파도를 이겨낼 수 없다. 이것은 잦은 매매를 부르며 잦은 매매는 수수료만 계속 지불하게 만들어 계좌잔고를 가볍게 만든다.

　주식을 오래 보유하지도 않고 큰 수익을 노리는 것은 복권을 사지도 않은 채 1등 당첨을 기대하는 것과 같다. 주식은 추세 상승이 대부분인데 추세 상승은 절대로 단기간에 발생하지 않으며 수주, 수개월 동안 발생한다. 주식 초보투자자에서 프로의 경지에 오르기까지는 다음과 같은 단계를 밟게 되는데 가장 큰 손실이 발생하는 단계가 바로 한 종목 풀미수 몰빵 단기매매다.

대부분의 투자자들이 주식을 처음 알게 되면 우량주를 매수해 장기간 보유하다 보니 첫 투자에서 수익을 경험한다. 이후 투자자들은 서서히 주식에 맛을 들이고 돈벌기가 쉽다는 생각에 욕심도 늘어 서서히 매매기간이 짧아진다. 좀처럼 수익이 나지 않으니 점점 조바심에 인기주, 테마주, 급등주만 찾아다니게 된다. 여기서 한두 번 성공해 또 한 번 단기간에 수익을 경험하지만 그것도 한두 번일 뿐 결국 손실이 발생하고 추격매수로 인해 손실률이 상상을 초월하게 된다. 그 후 손절하고 다른 종목을 찾아 나선다. 급기야 미수까지 끌어다쓰고 분산투자 원칙조차 잊고 한 종목 몰빵이 시작된다. 계좌잔고는 급속히 줄고 어느새 깡통계좌가 된다.

이런 경험을 몇 번 하면서 주식을 연구하는 투자자는 악의 늪에서 빠져나와 초심으로 다시 돌아가 중기, 스윙투자, 중·대형주 매매로 전환하지만 연구도 없이 한방에 원금회복만 노리는 투자자는 끝없는 실패를 경험하며 직장과 가족까지 모두 잃기도 한다. 여기서 한 단계 발전하면 분산투자의 중요성을 다시 깨닫고 중기, 단타, 스윙 종목으로 분산투자를 시작한다. 여기까지만 와도 대부분 수익을 내고 꾸준히 돈을 모아갈 수 있다. 여기서 마지막 단계로 발전하면 바로 프로가 되는 것이다.

종목을 매매하기 전 철저한 분석으로 전략을 세우고 어느 정도 수익이 발생하면 욕심을 버리고 매도하고 휴식기를 갖는다. 또한, 실패했을 때도 당분간 휴식한다. 이것이 바로 주식의 달인이며 '주신'이라고 불리는 프로다. 여기까지 온다면 주식투자에서 반드시 성공하게 되며 큰돈을 만지게 된다.

위 글을 요약하면 중기투자(수익)-단기매매(손실)-급등주 추격, 풀미수(손실)-중기, 단기, 스윙혼합(수익)-프로 단계로 변한다. 프로의 경지에 오르려면 엄청난 노력과 마인드컨트롤이 필요하며 이것은 천성으로 타고나야 할 수도 있다. 하지만 그 전 단계까지는 누구나 연습하고 연구하면 수년 안에 도달할 수 있다. 이 글을 읽는 독자 여러분도 절대로 희망을 버리지 말고 꾸준히 실력을 쌓아가기 바란다.

12-3
거래량을 활용한
투자전략

1. 시장추세의 강도를 측정하는 지표

　상승추세에서는 가격상승과 함께 거래량이 증가하며 가격조정 시 거래량은 감소한다. 하락추세에서는 섣부른 저점 매수세의 증가로 거래량이 증가하며 가격반등 시에는 확신 있는 매수세의 부족으로 거래량이 적다. 따라서 상승추세에서 적은 거래량으로 가격하락이 발생하면 매우 강한 시장을 의미하는데 그 이유는 매수든 매도든 기존 투자자들이 포지션 정리에 대한 절박함이 없기 때문이다.

　상승추세에서 적은 거래량으로 하락하는 시장에서는 매도하지 않는다. 반대로 하락추세에서 적은 거래량으로 가격이 상승하는 시장에서는 매수하지 않는다. 여기서 비정상적인 분출거래량은 강력한 손바뀜 현상으로 인해 기존 추세의 반대 방향으로 급격히 움직일 것을 예고한다. 또한, 일반인들의 투매 속에서 비정상적인 대량거래가 발생하면 새로운 매수세로 손바뀜되면서 추세 전환을 예고한다.

1) 거래량이 늘면 주가가 상승할 확률이 높고 거래량이 줄면 주가가 하락할 가능성이 높다. 하지만 중요 지지선을 붕괴하며 하락할 때 거래량이 급증하면 그 거래량은 향후 두터운 매물벽으로 작용하므로 대폭락을 예상해야 한다.

2) 전고점 돌파 시 전고점 거래량 이상의 거래량 급증 때는 추가상승을 기대해야 한다(예외: 일봉의 위꼬리가 몸통의 두 배 이상이면 단기상투일 가능성이 높다). 반대로 주가 상승 마감에도 전고점 거래량을 능가하지 못했다면 매물소화가 제대로 이루어지지 않아 큰 상승을 기대하기 어렵다.

3) 주가 상승에도 불구하고 거래량이 감소하는 종목은 조만간 하락으로 돌변할 가능성이 높다(점상한가나 아침부터 강하게 상한가에 진입하는 종목은 예외다). 주가가 상당폭 하락한 후 거래량이 증가하는 종목은 손바뀜 현상이므로 조만간 상승할 가능성이 높은 것으로 판단해야 한다.

4) 오전에 발생한 거래량보다 오후에 발생한 거래량이 1.5배 이상 많다면 다음날 주가가 상승할 가능성이 높다(공시로 인한 거래량 급증은 다음날 하락할 가능성이 높으므로 제외한다).

5) 당일 거래량이 5일 이동평균 거래량을 세 배 이상 돌파하면서 주가가 상승한다면 급등할 가능성이 높다.

6) 거래량이 5일간 상승 반전하거나 최근 5일간 거래량이 이전 5일보다 훨씬 많다면 주가가 상승할 가능성이 높다.

7) 주가가 오르지 않더라도 거래량이 점점 증가한다면 주가가 오를 가능성이 높다. 이전에 손실을 본 투자자와 새로 매집하는 세력의 손바뀜 현상 때문이다.

8) 거래량이 줄던 추세에서 점점 늘거나 바닥이 가까워지면서 주가는 내려가지만 거래량이,증가하는 종목(큰손 매집)은 V자형 상승할 가능성이 높다.

9) 하락 저점에서 큰 덩어리, 즉 수만 주 단위의 매수세가 보이기 시작하면 조만간 주가가 상승할 가능성이 높다.

10) 저항선 돌파 시 거래량이 급증할 때는 저항선 물량을 소화한 후 주가가 추가상승할 가능성이 높다. 하지만 거래량 증가 후 1~2일간의 숨고르기가 불가피하다.

11) 장기간 하락추세선 진행 후 거래량이 증가하며 추세선을 상향돌파한다면 주가가 상승 전환될 가능성이 높다.

12) 거래량과 가격변동이 없던 종목에서 갑자기 거래량 급증과 함께 주가가 오른다면 급등할 가능성이 높다.

13) 거래량 급증과 함께 주가가 상승한 후 거래량이 감소해도 주가가 빠지지 않는다면 조만간 재상승할 가능성이 높다. 일봉의 숨고르기 패턴에 거래량까지 시그널을 준다면 신뢰도는 최상까지 올라간다.

14) 장기간 바닥을 다지며 옆으로 기던 종목이 거래량이 점점 증가하거나 급증한다면 주가가 급등할 가능성이 높다.

15) 하루 종일 매수·매도 세력 간에 격전이 벌어지다가 장 마감 무렵 거래량이 증가하고 압도적인 매수세로 상승세를 보인다면 다음날도 상승을 기대할 수 있다.

16) 수십 주 적은 거래량으로 주가를 올리거나 내리는 것은 손실을 본 투자자의 반항 또는 일반 매도물량을 잡기 위한 세력의 인위적인 작전일 수 있

다. 주문창에서 일반투자자 물량은 소량씩 꾸준히 나오고 큰손들은 수만 주씩 대량으로 물량을 거두어가는데 대량 물량이 자주 보인다면 조만간 단기급등할 가능성이 높다.

2. 강세장에서의 투자지침

1) 강세장에서는 전일 종가가 가장 강력한 지지선 역할을 하는 만큼 주가가 크게 밀리지 않는 보합권에서 매도하면 안 된다.

2) 종합주가지수보다 시장주도주 변화에 더 큰 관심을 가져야 한다.

3) 상승추세는 저점이 높아지는 추세 상승이 나오게 되어 꾸준한 수익이 발생하므로 사소한 차익을 목적으로 매입하면 안 된다. 이때 작은 수익을 위해 매수하면 큰 기회를 놓칠 수 있다. 일시적인 흔들림에 부화뇌동해 매도하거나 너무 단기매매하면 안 된다.

4) 거래가 수반되는 종목을 매수해야 한다. 강세장에서도 거래가 없다면 앞으로도 힘든 시기가 이어질 수 있다.

5) 심리적으로 너무 올랐다는 이유만으로 매도하면 안 된다. 반드시 패턴과 보조지표를 활용해 과매수권 여부를 판단해 매매결정을 내려야 한다.

6) 강세장으로 판별되면 주가가 조정을 받을 때 공포심을 버리고 오히려 적극 매수해야 하며 10~20% 오른 상태에서도 추격매수해야 한다.

7) 강세장 중기로 판단되면 일시적 조정을 이용해 매수하고 가능하면 미수를 사용하면 안 된다.

8) 저평가주 주도주는 상승장에서만 적용되고 하락장에서는 매도 타이밍을 잡아야 한다. 그리고 하락장에서는 매매하지 않고 매매 휴일처럼 쉰다는 생각을 가져야 한다. 프로도 하락장에서는 승률이 크게 떨어질 수밖에 없다.

9) 금융장세(유동성장세)에서는 시중에 풀린 투자금이 많아 비교적 고가주가 강하게 상승하며 약세장에서는 저가주가 단기적으로 급등하는 경우가 많으므로 강세장에서는 고가주를 매입하고 약세장에서는 저평가 저가주를 매입하는 것이 바람직하다.

3. 소형주 투자 시 유의사항

소형주는 대부분 주가변동이 심하고 세력의 유입·이탈이 급격히 발생한다. 자칫 오판으로 큰 손실로 직결될 수 있는 것이 소형주 투자다. 우량주는 매수 후 손실이 발생하더라도 언젠가는 다시 상승할 것을 기대할 수 있지만 소형주를 상투에서 매수하면 다시는 그 가격이 오지 않을 수도 있다. 따라서 소형주 투자 시 기업 재무제표, 자금흐름, 경영상태, 재고관리현황, 재무구조 등 현시점은 물론 1~2년 후 전망까지 조사하는 것이 좋다. 또한, 차트를 이용해 과거 주가, 거래량 습성과 패턴을 정확히 파악하고 있어야 한다. 소형주 투자 시 매입 시점보다 매도전략에 초점을 맞추어 상투에 물리지 않도록 거래량이 많을 때 재빨리 매도해야 한다. 중소형주 매매 시에는 과거 실적주보다 성장성이 높은 업종에서 종목을 선택해야 한다.

우량주는 실적이 좋으면 꾸준한 추세 상승이 나오기 마련이지만 소형주는 재료 노출 전 대부분 주가가 이미 급등해 있어 과거 실적은 주가를 견인하지 못한다. 반대로 현재 실적은 좋지 않더라도 향후 업종 전망이 밝다면 주가는 꿈을 먹고 급등하는 경우가 많다. 매물부담과 거래량회전률, 주가와 수치분석 등을 통해 매집세력의 동향을 정확히 판독하고 있어야 한다.

20일 거래량 이동평균치의 1/10을 매입하면 안 된다(가끔 거래량 소형주를 대량매수하는 경우가 있는데 이것은 매집세력에게 바로 포착되며 그 물량이 나올 때까지 주가를 누르는 경우가 많다). 금융비용부담률, 부채비율, 유보율, 납입자본이익률을 체크해 부도 위험이 있는 종목을 사전에 걸러내야 한다.

4. 한 종목 미수 몰빵의 실패

투자자들의 심리가 불안정해지면 단기간에 큰 수익을 올리기 위해 미수 몰빵을 시도하는 경우가 많다. 하지만 이런 전략이 성공할 확률은 5%도 안 된다. 미수 몰빵이란 한 종목에 쏟아넣는 것을 말한다. 미수도 여러 종목에 잘 분산투자하면 원금 대비 큰 수익을 올릴 수 있다.

1) 미수몰빵이 성공할 수 없는 이유

(1) 심리적으로 절대로 이길 수 없다

특정 종목에 미수 몰빵했다고 가정하자. 주식 매입 후 주가가 조금만 상승해도 손익률이 커지므로 대부분의 투자자는 그 수익에 만족하고 재빨리 매도해 주가가 본격적으로 상승할 때는 정작 큰 수익을 못 낸다. 반대로 주가가 하락하면 손실률이 커지므로 투자자들은 조금만 더 오르기를 바라며 재빠른 손절을 결행하지 못하다가 결국 큰 폭으로 하락할 때 겁에 질려 바닥에서 매도하게 된다. 이런 미수물량이 빠지면 단기 매수세력이 유입되어 주가를 다시 상승시킨다. 즉, 미수는 수익은 적게, 손실은 크게 발생하는 구조에서 벗어날 수 없는 것이다. 10~20만 원 손절은 쉽지만 100~200만 원 손절은 너무나 어렵기 때문이다.

구분	투자액	손실액
50% 매수	500만 원	50만 원
미수 몰빵 매수	2,500만 원	250만 원

〈표 4-1〉 1,000만 원 투자 시 50% 매수와 미수 몰빵 매수 비교(10% 하락 가정)

50만 원 손절은 비교적 쉽지만 250만 원 손절은 심리적으로 힘들며 대부분의 투자자는 더 큰 손실을 맛보고서야 손절하게 된다. 이런 실패가 서너 번 반복되면 깡통계좌가 되고 만다.

(2) 세력들에게 포착된다

매집세력들은 대부분 상당 기간 매집하고 있다. 유통주식 수에서 세력 물량을 빼고 나머지 개인물량을 체크하고 있다. 그 중에서도 미수물량은 단기로 매물이 되어 돌아오는 만큼 이런 미수물량을 정확히 파악하고 있으므로 소형주에 미수몰빵으로 대응하면 세력들은 주가를 단기적으로 크게 하락시켜 미수물량 털기를 시작한다. 이때 대부분의 투자자들은 견디지 못하고 매도하게 된다. 그 후 주가는 강하게 상승해 바닥에서 매도한 투자자는 자신의 매도를 후회하며 고점에서 다시 추격매수에 가담하게 된다.

대부분의 주식투자자들은 적게 사면 주가가 급등하고 많이 사면 주가가 못 오르는 경우를 많이 경험했을 것이다. 이것은 운이 없어서가 아니라 거의 필연적인 것이다. 매집세력은 개인물량, 특히 미수물량을 더더욱 싫어하기 때문이다. 도박중독자들의 공통점은 단기간에 큰 수익을 얻겠다는 마음과 본전만 찾으면 다시는 하지 않겠다는 생각을 한다는 것인데 결국 이런 심리가 그들을 황폐하게 만든다. 증시에서도 본전 회복욕구가 너무 강하다. 단기간에 손실을 만회하기 위해 미수 몰빵을 사용하는데 이것은 100% 파멸로 가는 지름길임을 명심해야 한다.

5. 단기매매 시점

대부분의 투자자들은 한 푼이라도 더 수익을 올리기 위해 장중 내내 이 종목 저 종목 애를 쓰며 찾아다닌다. 조금이라도 쉬면 손가락이 근질근질하다. 하지만 오전 10시 이후에는 2~5% 구간에서 등락을 거듭하는 경우가 많고 음봉을 형성하거나 지지선을 이탈하는 움직임도 많으므로 자주 매매하면 크게 흔들리기 쉽고 단기 상투매수, 바닥매도의 우를 범하기 쉽다. 따라서 매매 타이밍은 오전장에 한 번, 오후장에 한 번, 하루 두 번으로 줄이는 것이 바람직하다.

필자가 나름대로 분석한 결과, 40분 전략의 성공률이 가장 높았다. 즉, 시초가 이후 40분과 종가 전 40분에 종목 움직임이 가장 활발했다. 그날 주가는 오전에 형성된다는 말이 있다. 종가 부근에서는 매수세력의 종가관리가 강하게 이루어지는 경향이 많아 이런 현상이 발생하는 것이다.

여기서 주의할 점은 오전장 매매와 오후장 매매전략은 반대라는 것이다. 오전에 강세로 시작한 종목은 초강세 종목을 제외하면 대부분 음봉이나 위꼬리를 길게 달고 끝나는 경우가 많다. 따라서 시초가에 무리하게 추격매수하는 것은 상당히 위험한 전략이다. 추격매수 후 상한가를 기록하면 다행이지만 상한가에 못 가고 지수까지 흔들린다면 큰 손실을 볼 수 있다. 오전장에서는 시세가 급격히 형성되는 종목을 초기에 매수하고 10시 이전에 원하는 만큼 상승하지 않는다면 바로 매도하는 것이 좋다.

오후장은 마감 전 40분이 매매하기에 가장 좋다. 마감 40분 전부터 시세가 움직이는 종목은 쉽게 무너지지 않는 것이 특징이므로 손실률을 크게 줄일 수 있다. 이때 상승하는 종목들은 대부분 종가관리로 차트를 만드는 경우가 많아 주가가 쉽게 빠지지 않는 것이다. 이렇게 만들어진 차트로 다음날 강하게 시작하는 경우가 많은데 이때 바로 분할매도하고 다음 의사결정을 해야 한다.

6. 테마주 공략법

테마주란 주식시장에 이슈가 발생할 경우, 관련 종목들이 한 묶음으로 함께 움직이는 종목군을 말한다. 테마주는 수많은 투자자들이 시장에 참여하는 만큼 단기급등이나 급락시세가 자주 발생한다. 테마주는 보통 일반투자자들이 제대로 인식하지 못한 상황에서 발생하는 만큼 발생 초기 가장 강력한 상승을 보인다. 따라서 강력한 테마가 처음 발생해 동시다발적으로 관련주들이 상한가를 기록한다면 상한가에서라도 추격매수해야 한다.

첫 테마가 강세를 보이는 이유는 발생 전에는 시장에서 외면을 받아 세력들의 매집이 쉬워 한 번 가면 크게 상승하기 때문이다. 그 후 테마주는 다시 동반 강세를 보이지만 선도주를 제외하면 그 힘이 점점 소진된다. 테마가 형성되는 초기에는 선도주, 후발주 아무거나 매수해도 되지만 나중에 테마가 발생했을 때는 선도주를 잡아야 한다.

테마주는 희망으로 강세를 보이는 만큼 주가가 한 번 분출되면 향후 발생할 모든 재료를 주가에 미리 반영한다. 따라서 나중에 더 큰 재료가 나와도 테마주는 이전보다 힘이 약해 대부분 하루이틀 상승에 그친다. 이미 선반영했다는 점과 일반인들의 관심 집중으로 세력의 매집이 힘들며 그로 인해 세력의 유입이 없기 때문이다. 세력 이탈 후 단기로 발생하는 테마는 대부분 개인투자자들의 단기성 매매로 판단해야 한다. 또한, 테마가 크게 분출한 후 장기간 힘없이 바닥에서 기고 있다면 다시 세력의 먹잇감이 될 것이다. 예상치 못한 이슈가 시장에 발생하면서 테마가 형성될 때는 반드시 초기에 매수해야 하며 첫날은 상한가 추격매수에도 가담해야 하지만 똑같은 테마가 두세 번 형성될 때는 힘이 약해지므로 주도주만 단기로 대응해야 한다.

7. HTS 공시 읽는 법

어느 정도 주식을 하다 보면 공시가 탐탁지 않을 것이다. 공시가 발생하면 기존 보유 투자자들은 매도욕구가 발생하고 내부정보를 이용한 세력까지 있으면 주가는 단기간에 큰 폭락을 면할 수 없기 때문이다. 최근 시장은 완전경쟁시장에 가까울 정도로 공시 속도가 빨라진 것처럼 보인다. 물론 여전히 미공개를 이용하는 세력이 많지만 공시매매로 충분한 수익을 올릴 수 있는 경우도 있어 자주 발표되는 공시 위주로 매매대응법을 알려드리고자 한다.

'소문에 사 뉴스에 팔라'라는 증시 격언은 틀림없이 맞는 말이며 반드시 따라야 한다고 필자도 생각한다. 아무리 공정 공시를 외치고 빠른 공시를 위해 규제를 강화하더라도 미리 새는 정보는 막을 수 없다. 한 업체에 호재성 공시가 발표되기 전 맨 먼저 아는 사람은 계약당사자나 기업 임직원이다. 그리고 대부분 공시는 한 기업의 주식담당자가 하므로 그와 친분이 있는 사람들도 빠른 정보를 입수하게 된다. 공시담당자가 공시자료를 가져가면 그것을 작성하는 사람들이 정보를 다시 입수하고 마지막으로 HTS에 내보낼 공시를 작성하는 기자도 빠른 정보를 입수하게 된다. 그래서 공시가 발표되기 전 주가가 이미 상당폭 상승했고 공시가 뜨면 주가가 급락하는 경우가 많은 것이다.

위 내용을 미리 알고 있는 사람들이 주식을 하고 있고 주식시장의 섭리를 잘 안다면 이런 공시를 미리 이용해먹을 것이다. 하지만 모든 사람이 주식을 하는 것은 아니며 복잡한 주식시장의 모든 섭리를 아는 것도 아니다. 따라서 가끔 공시발표 전까지 별다른 움직임이 없는 종목들이 포착된다. 이때 잘 매수한다면 단기간에 큰 수익을 올릴 수 있다. 필자는 공시가 주가에 미치는 영향과 내용, 상황별 매매기법을 설명해 선의의 피해자를 최소화하기 위해 공시에 따른 매매 방법을 정립해두었다.

8. 전환사채 등의 발생

전환사채(CB)나 해외 전환사채 ○○○를 발행했다는 내용을 HTS에서 자주 보게 될 것이다. 전환사채란 일정한 조건에 따라 발행한 채권을 일정 시점이 되면 그 회사 주식으로 전환할 권리가 부여된 채권이다. 전환 전에는 사채로서 확정이자를 받을 수 있고 전환 후에는 주식으로서의 이익을 얻을 수 있는 회사채와 주식의 중간 형태 성격을 띤다. 그러므로 주가가 오르면 주식으로 전환해 시세차익을 얻을 수 있고 주가가 떨어지면 그냥 채권으로 보유해 만기 때 원금과 이자를 돌려받을 수 있다. 전환 청구는 발행 후 1년이 지나야 가능하지만 공모 발행 방식으로 발행하는 경우, 발행 후 1개월이 경과하면 전환 가능하다.

전환사채가 주가에 미치는 영향을 알아보자.

일반적으로 해외 전환사채 발행결의가 나면 그만큼 사내유보금과 운용자금이 많이 생기므로 주가에 호재로 작용한다. 따라서 공시발표일에 주가가 강세를 띠지만 대부분 단기상승으로 마감하는 경우가 많다. 따라서 이런 공시발표만 믿고 매매하면 큰 손실을 입을 수 있다. 그리고 전환사채 만기일이 오면 주식으로 전환청구되는 물량이 많으므로 주가에 부정적인 영향을 미친다. 전환가격은 일정하게 고정되어 있으므로 주가가 상승하면 전환청구를 행사하는 물량이 많아져 주가상승을 막는다. 따라서 주식을 살 때는 전환청구권이 행사되고 있는지 반드시 체크해야 한다.

전환청구권 행사가 되고 있다면 당분간 그 주식은 사지 않는 것이 좋다고 필자는 말하고 싶다. 전환사채 외에 신주인수권부사채(BW)는 사채권자에게 사채 발행 이후 기채회사가 신주를 발행하는 경우, 미리 약정된 가격에 따라 일정 수의 신주인수를 청구할 권리가 부여된 사채다. 따라서 사채권자는 보통사채의 경우와 마찬가지로 일정한 이자를 받으면서 만기에 사채금액을 상환받을 수 있고 동시에 자신에게 부여된 신주인수권을 가지고 주식시가가 발행가액보다 높은 경우, 회사측에 신주 발행을 청구할 수 있다. 내용은 조금 다르지만 주가에 미치는 영향은 같다고 할 수 있다. 전환사채든 신주인수권부사채든 만기가 되면 주가 하락과는 상관없지만 일정 가격대 이상의 가격상승을 제한하는 역할을 한다.

9. 감자 공시

주식을 하면서 겪게 되는 최악의 공시는 부도공시, 불공정거래, 대표이사 고발 등이다. 그 다음으로 주가에 미치는 치명타가 바로 감자 공시다. 감자란 회사 자본금을 일정한 방법에 따라 감소시키는 것으로 사업 부분매각 등 회사 규모를 줄이거나 자본잠식 등으로 발생한 부실을 줄이기 위해 회사분할이나 합병 등을 목적으로 시행한다. 감자 공시가 뜨면 주가는 대부분 급락해 당분간 회복되지 않는다. 감자는 발생주식 수를 그대로 두고 액면가를 낮추거나 주식소각이나 액면병합으로 주식 수를 줄이는 방법이 있다. 감자를 하려면 주주총회의 특별결의를 거쳐야 하고 소액주주는 반대의사를 표할 수 있지만 주식매수청구권은 행사할 수 없다. 감자가 결정되면 구주권을 제출하고 증권거래소 시장과 코스닥 시장에서는 신주를 상장시킬 때까지 거래를 정지시키는데 이 기간은 보통 1개월 내외다.

위의 복잡한 내용까지 모두 알 필요는 없지만 감자가 주가에 악영향을 미치는 이유는 알아야 한다. 기업이 부실할 때 감자를 실시하면 기업 재무구조가 기존에 비해 크게 호전된다. 하지만 주가에는 악영향을 미치는데 그 이유는 다음과 같다.

1) 가격부담

대부분의 감자는 일정 비율만큼 주식 수를 감소시키고 그만큼 주가를 끌어올린다. 예를 들어, 감자 전 주가가 300원이었고 5:1 감자를 실시한다면 주가는 다섯 배가 오르고 주식 수는 5주가 1주가 된다. 즉 300원짜리 주식 5주를 1,500원짜리 주식 1주와 교환해주는 것이다. 투자자의 손익에는 아무 변화가 없지만 심리적 주가가 문제가 된다. 얼마 전까지만 해도 300원이던 주가가 1,500원이 된다면 투자자들은 매수하지 않을 것이다. 따라서 주가는 감자발표일에 급락하고 감자 후 또 급락해 주식투자자에게 치명적인 악영향을 미친다.

2) 감자 후 대규모 유상증자

감자하는 기업들은 감자 후 대부분 대규모 유상증자를 한다. 이때 유상증자는 감자 전 주식 수만큼 하는 경우가 대부분이다. 3,000만 주 발행된 300원짜리 주식이 5:1 감자를 하면 주가는 1,500원이 되고 주식 수는 600만 주로 줄어든다. 이렇게만 된다면 사실 주가가 크게 하락하진 않는다. 문제는 여기에 대규모 유상증자를 한다는 점이다. 이때 유상증자 규모는 수백만 주부터 수천만 주까지 된다. 감자 후 유상증자를 하면 주가는 300원에서 1,500원으로 올라 있고 주식 수는 변화가 없다. 이런 종목이 1,500원대에서 가격이 유지될 리 만무하다. 따라서 감자 후 주가는 대부분 연속 하한가를 기록한다.

10. 감자 후 급등 종목

감자 후에도 연속 상한가를 기록하는 종목들이 가끔 주식시장에서 포착될 것이다. 이것은 감자 후 일반 유상증자가 아닌 제3자 배정 유상증자 방식으로 유상증자하는 경우, 자주 발생한다. 그 이유는 향후 유상증자 편에서 설명할 예정이므로 여기서는 간단히 언급만 하겠다.

제3자 배정 유상증자는 특정인 몇 명에게 발행하며 발행가격도 시장가와 큰 차이가 없다. 따라서 유상증자를 받은 특정인들은 주식 수가 적을 때 주가를 큰 폭으로 상승시킨다. 그래야 나중에 많은 물량을 처분할 수 있기 때문이다. 주가를 올리지 않고 그냥 놔두면 유상증자받은 투자자들은 주가 하락으로 큰 손실을 본다. 감자 후 급락하는 종목이 95%라면 상승하는 종목은 5%도 안 된다. 감자 후 상한가 한두 방 정도는 가끔 나올 수 있지만 결국 대폭락하고 만다.

11. 유상증자 공시

유상증자도 기업 재무구조에는 호재가 될 수 있지만 주가에는 큰 타격을 주는 공시 중 하나다. 감자 다음으로 주가에 부정적인 영향을 미치니 주의 깊게 관찰해야 한다.

1) 원론적 내용

유상증자를 하면 기업에 자금이 풍부해져 향후 기업 재무구조에 긍정적인 영향을 미친다. 주식을 늘려 돈을 받고 그만큼 기업에 자금이 많아져 투자하기에도 좋아지니 당연한 말이다. 문제는 그 유상증자 물량을 누가 다 사가느냐다. 적정 수준의 유상증자는 주가에 미치는 큰 영향이 없지만 대량의 유상증자는 주가를 폭락으로 이끈다. 유상증자는 보통 주가의 약 30%를 할인해 발행하는데 대부분 주가는 그 정도까지 하락하게 되어 유상증자를 받아봤자 소용없게 되는 것이다.

2) 유상증자 종목 공략법

(1) 일반인 대상 청약은 피하라

일반인 대상으로 유상증자를 하면 주가는 큰 폭의 하락을 면치 못한다. 일반인 또는 주주 배정 유상증자의 경우, 큰 세력이 유상증자를 받는 것이 아니라 수많은 투자자들이 동시에 유상증자에 참여하는 것이다. 이들은 주가를 방어할 생각조차 할 수 없으며 그럴 만한 자금력도 안 된다. 일반 유상증자 물량은 고스란히 상장일부터 쏟아져 나온다. 하지만 청약일 전 주가가 유상증자 발행가보다 낮게 형성된다면 기업의 주가부양 노력이 나타날 수 있다. 주가가 낮다면 실권주가 나타날 확률이 높으므로 일단 발행가보다 높여야 실권주가 발생하지 않는다. 따라서 청약일 며칠 전 주가가 발행가 밑에서 형성될 때에 한해 청약일 전 매수에 가담해볼 수 있다. 청약일 전 주가가 발행가보다 10% 이상 높게 형성되어 있다면 절대로 매수하면 안 된다.

(2) 제3자 배정 유상증자는 꼼꼼히 살펴라

제3자 배정 유상증자란 기존 주주가 아닌 특정 3자를 신주인수자로 정해놓고 실시하는 유상증자이며 구 주주 대상 유상증자처럼 자본금과 자기자본, 발행주식 수가 증가하지만 신주인수자가 불특정 다수가 아니라는 점이다. 따라서 회사 관계자와 연관된 경우가 많다. 제3자 배정 유상증자는 1년간 보호예수가 걸린다. 유상증자로 재무구조는 호전되고 1년간 물량부담이 없으니 주가에는 호재가 될 수밖에 없다. 보통 제3자 배정 유상증자 규모가 발행주식 수의 100%를 초과한다면 눈을 크게 뜨고 지켜보아야 한다.

발행가가 500원이고 현재 주가가 550원 밑이라면 유상증자를 받은 매수세력들은 나중에 유상증자 물량을 정리하기 위해 작전을 개시한다. 즉, 최소한 본전에 팔기 위해서는 현재가보다 주가가 높아야 하므로 주식 수가 적을 때 제3자 배정 유상증자에 참여한 투자자들이 함께 작정해 주가를 끌어올리기도 한다. 바로 이런 종목에서 대박주가 발생할 가능성이 높다. 기업 내용을 다 무시하고 세력에 의해 주가가 급등하는 것이다. 주식 수가 적을 때 주가를 끌어올리고 유상증자와 동시에 주식을 서서히 정리한다.

급등 후 급락하면 단타꾼이나 일반 개인들이 저가로 생각하고 매수에 가담하는데 주가를 급등시킨 매수세력은 이것을 이용해 물량을 정리하고 나온다. 따라서 제3자 배정 유상증자 종목에서 급등주가 자주 발생하는 것이다. 하지만 아쉽게도 제3자 배정 유상증자 발표 전에 주가가 미리 급등하는 경우가 많아 실제로 투자자들이 살 기회가 적다.

3) 공시 이용법

대규모 유상증자 공시가 일반 공모 방식이라면 무조건 매도해야 한다. 주가는 대부분 급락세를 면치 못하고 추세하락이 발생한다. 반대로 제3자 배정 방식이라면 종종 상한가도 출현하며 단기급등이 자주 나오므로 단기 매수가 가능하다. 가끔 일반 유상증자가 실시되고 권리락일에 주가가 급등하는 경우도 있는데 세력의 주가 띄우기 여부는 전적으로 세력의 마음에 달려 있다. 대규모 유상증자로 매집세력이 손해를 보면 주식 수가 적을 때 연속 상한가를 만들고 나중에 서서히 물량을 처분하는 방식이다. 하지만 이 때는 대부분 수직하락이 발생한다.

12. 실적 공시

실적 공시는 미공개 정보가 가장 빨리 새는 정보다. 기업 직원들은 그 업체의 실적을 대부분 알고 있을 것이다. 따라서 실질적으로 실적 공시가 뜨면 그날 급등세를 보이다가 하락 전환하는 경우가 대부분이다. 하지만 실적이 좋아진 것은 틀림없는 사실인 만큼 주가하락은 한정되며 물량을 소화하고 다시 상승하는 경우가 상당히 많다. 가끔 엄청난 실적호전을 보이는 경우도 있는데 이때 상한가를 한두 번 기록한다. 실적 공시 중 관심을 가질 내용은 영업이익의 대규모 흑자 전환 여부다.

이런 공시가 발표되기 전 주가상승이 없었다면 충분히 단기매수가 가능하지만 그전에 주가가 이미 올라 있고 공시 후 주가가 하락했다면 하방경직성을 확보하는 구간에서 매수에 가담해야 한다. 다만 실적 공시가 발표되고 단기매물이 사라지려면 최소 1~2주가 소요된다는 점을 명심해야 한다. 1~2주 후 매수에 가담하는 것이 좋다.

13. M&A 공시

주식시장의 영원한 테마는 바로 M&A다. M&A가 실제로 시너지효과가 발생하든 안 하든 주가는 선반영해 급등세가 나타난다. 하지만 M&A도 내부정보가 빨리 새는 정보이며 공시발표일이 상투인 경우가 상당히 많다는 것이 단점이다. 시장에 노출되자마자 이것을 이용해 주 매수세력이 이탈하는 것이다. 그러나 경우에 따라 공시발표 이후 급등세를 이어가는 경우도 상당히 많다.

M&A 공시가 발표되면 일단 주가는 급등한다. 그 후 빠지더라도 발표 당시에는 상한가 부근까지 급등하는 것이다. M&A 공시 발표에도 불구하고 그전에 주가가 급등한 흔적이 없다면 발표 당일 충분히 매수해볼 수 있다. 매수 후 상한가를 강하게 기록한다면 큰 수익이 발생할 수도 있다. M&A 공시는 그 힘이 상당히 강한 만큼 그전에 주가가 급등해 있더라도 공시 이후 추가급등하는 경우도 상당히 많다. M&A 공시는 일봉이 고공권이 아니라면 일단 매수에 가담하는 것이 좋으며 고공권인 경우, 당일 상한가 진입에 실패했을 때 매도하고 나오는 전략으로 임하면 된다.

14. 특허 공시

기업들은 항상 기술개발을 하며 이 기술로 해외나 국내 특허를 출원하고 특허를 취득하게 된다. 특허 공시는 대부분 초단기 시세로 마감하는 경우가 많으며 미공개 정보를 이용하는 세력도 많지는 않다. 그만큼 큰 호재가 아니라는 뜻이다. 특허 공시 발표 시 주의해야 할 움직임은 5% 이내가 대부분이며 상한가 진입은 극히 드물게 발생한다. 특허 취득 공시 후 상한가를 기록하는 경우는 그야말로 획기적인 기술일 때만 가능하다.

15. 지분경쟁 공시

지분경쟁이란 한 기업의 1대 주주와 2대 주주의 지분이 비슷한 경우, 경영권을 차지하기 위해 지분경쟁을 벌이는 것이다. 지분경쟁은 두 가지 호재로 주가를 급등시킨다.

1) 실질적인 지분확보를 위한 장내 매수

지분경쟁에서 이기기 위해서는 한 주라도 많이 확보해야 하는데 장외매수나 관계인 지분매수로도 확보되지 못한 경우, 주식시장을 통해 대량으로 물량을 확보하게 된다. 이때 장내매수로 지분을 확보하는 만큼 초강력 매수세가 몰리는 현상이 발생해 주가상승세가 나타난다.

2) 일반투자자 및 세력의 유입

지분경쟁이 호재인 만큼 실질적인 장내매수가 이어지기 전에 단기 매수세력이 유입되어 주가를 끌어올리는 경우도 많다. 이때 대부분 단기급등으로 마감되는 경우가 많지만 공시발표일에는 상한가에 진입할 확률이 상당히 높다. 하지만 실질적인 지분경쟁에서 발생하는 장내매수에 비하면 상승 여력은 미약하다.

16. 자회사 상장 공시

대부분의 거래소·코스닥 상장업체들은 여러 개의 자회사를 가지고 있다. 이 기업들은 50~100%의 자회사 지분을 보유하고 있다. 이 기업들은 자회사 지분을 액면가로 출자하는데 액면가의 대부분은 500원으로 발행한다. 즉, 50억 원의 출자금이면 250만 주를 확보하는 것이다. 이 자회사들이 운 좋게 기업공개(IPO)를 하면 모회사는 엄청난 지분평가차익을 올린다. 신규 상장업체들의 주가는 최소 3,000원, 최대 10,000원 위에서 형성되는데 그 규모에 따라 평가차익이 발생하는 만큼 모회사 주가도 단기적으로 크게 상승한다. 이 공시는 단기적인 공시가 아니며 지속적인 상승을 보이는 경우가 많아 큰 수익을 올릴 수 있다. 물론 세력이 이미 유입되어 미공개 정보를 이용했다면 큰 상승이 나오지 않고 하락할 수도 있다. 매수 포인트는 모회사의 평가차익이 클수록 주가상승으로 이어질 가능성이 크다는 점이다.

17. 공급계약 체결 공시

주식시장에서 가장 많이 발생하는 공시는 공급계약 체결 공시일 것이다. 공급계약에는 평범한 계약과 대규모 계약이 있다. 주식시장에서 호재는 바로 대규모 공급계약 체결이다. 일상적인 공급계약 공시는 극히 적은 매수세가 유입되며 주가 왜곡현상도 별로 발생하지 않지만 대규모 공급계약 공시 후 주가가 단기급등을 보이는 경우가 많다. 대규모 공급계약이란 절대적 내용이 아니라 상대적 평가를 해야 하는데 상대적 평가는 전년도 총매출액 대비 1회 수주 규모를 판단하는 것이다. 전년도 총매출액이 200억 원이고 1회 공급계약 체결액이 100억 원(50%) 이상이라면 대규모 공급계약이라고 할 수 있다.

최소 50% 이상 되어야 매수를 고려해볼 수 있고 그 이상 많을수록 주가는 큰폭의 상승세를 보인다. 하지만 이런 공급계약도 미공개 정보를 이용하는 경우가 많은 만큼 그전에 주가가 급등해 있다면 공시 후 급락하는 경우가 많으니 주의해야 한다. 위 내용에서 알 수 있지만 어떤 공시든 공시발표 전에 주가가 이미 급등해 있다면 정보가 미리 이용되었다고 판단해야 한다. 그전에 급등하고 공시발표 후 추가급등하는 경우도 많지만 확률적으로 승률이 낮다.